電通とFIFA

サッカーに群がる男たち

田崎健太

光文社新書

DENTSU and FIFA
by Kenta TAZAKI
Kobunsha Co., Ltd., Tokyo 2016:2

はじめに

分厚い油膜が張り、何色とも表現できない汚れた水面の下から、発酵したガスがぷかりと吹き出て弾けるように、以前からサッカー界の汚職は時折露見していた。とはいえ、淀んだ池にさざ波さえ立つことはなかった。

その状況が一変したのは、二〇一五年五月末のことだ。

アメリカの司法省が国際サッカー連盟（ＦＩＦＡ）副会長を含む一四人を贈収賄の容疑で起訴した。ワールドカップ開催地招致を巡る贈賄が続き、ＦＩＦＡ会長のゼップ・ブラッターが副会長のミッシェル・プラティニに二〇〇万スイスフラン（約二億四〇〇〇万円）を支払ったとして、両名ともＦＩＦＡ倫理委員会から資格停止処分と罰金処分を受けた――。

組織の長がその職を追われ、ＦＩＦＡは、ぐらぐらと煮えたぎる鍋となった。

ぼくがＦＩＦＡに関する取材を始めたのは、今から二〇年以上前、一九九四年頃のことだ。事務局長時代のブラッターにＦＩＦＡハウスを案内してもらい、話を聞いた。彼は頭の回転が速く、そつがない大企業の広報担当者という風情だった。一連の汚職で名前が挙がった、元ＦＩＦＡ副会長の韓国の鄭夢準《チョンモンジュン》、パラグアイのニコラス・レオス、ブラジルのリカルド・テシェイラは何度もパーティなどで姿を見かけたものだ。その他、アルゼンチンのフリオ・グロンドーナ、トリニダード・トバゴのジャック・ワーナー、アメリカのチャック・ブレイザー――ぼくが取材を始めた頃、すでに蠢《うごめ》いていた人間ばかりだ。

つまり、サッカー界の腐敗は新しいものではない。ただ、近年、スポーツビジネスが膨張し、動く金が桁《けた》外れになっただけなのだ。

今回のＦＩＦＡ摘発の一つのきっかけは、欧州のジャーナリストたちのしぶとい調査報道だった。ただ、彼らの報道の根底には、サッカーは西欧州が仕切るべき世界であり、それ以外の人間に主導権を握られるのは我慢できないという〝西欧州中心主義〟ともいうべき思想が見え隠れしているようにも思えた。彼らが当初描いたのは、ゼップ・ブラッターを中心としてラテンアメリカやアジア、そしてアフリカの理事たちがサッカーを食い物にしているという絵図だった。

なぜ西欧州中心主義者たちが、同じ欧州出身、スイス人のブラッターを毛嫌いするのか。

その歴史はブラッターの前任者、ブラジル人のジョアン・アベランジェが、七四年のＦＩＦＡ会長選挙で、イングランドのスタンリー・ラウスを破ったところから始まっている。アベランジェはそれまでの欧州中心だったＦＩＦＡの舵を大きく切った。スポンサー企業を募り、サッカーに金が流れこむ仕組みを作り上げた。ＦＩＦＡの商業化である。アベランジェこそ、今に繋がるＦＩＦＡの方向性を決めた男だった。そして、ブラッターはアベランジェの後継者だ。

しかし――。

今や、登場人物を善と悪にはっきり区別できるのは、できの悪いハリウッド映画ぐらいのものだ。分かりやすい絵図ほど疑ったほうがいい。やがて、ブラッターは欧州サッカー連盟（ＵＥＦＡ）の会長でもあるミッシェル・プラティニを沸騰する泥沼に引きずり込んだ。結局、欧州のＦＩＦＡ関係者たちも同じ穴の狢《むじな》だった。

このアベランジェ＝ブラッター体制に大きく力を貸したのが、電通だった。

ぼくが取材を始めた頃を振り返ると、日本でのＦＩＦＡの動きに関する報道は短信程度だった。詳細を知るためには、英文、ポルトガル語などの資料を取り寄せなくてはならなかった。その中にはしばしば「Ｄｅｎｔｓｕ」という文字を見つけることができた。なぜ電通が国際スポーツビジネスに関わるようになったのか、と興味を持つようになった。しかし、日本を代表する大企業にもかかわらず、電通とＦＩＦＡとの関わりを書いた国内の資料は皆無だった。

それはメディアに深く食い込んでいる電通に対して自己規制していたこともあったろう。いや、それ以前に、常に国内の些事に目を向けがちな日本のメディアは、電通が欧州で何をしているのかといったことなど、興味が持てなかったのかもしれない。

調べていく内に、ＦＩＦＡの膨張と、電通が「手数料商売の広告代理店」から、業務内容を定義できない「得体の知れない巨大企業」へと成長していった時期が重なっていることに気がついた。ＦＩＦＡの体質が作り上げられる過程に電通は深く関わってきた、と言ってもいい。

ＦＩＦＡに関する一連の疑惑の中には、二〇〇二年ワールドカップ招致に関するものが含まれていた。日本は、そして電通は腐敗と関係あったのか、なかったのか――。

本書では、ＦＩＦＡと電通に絞り、その関係の端緒を開いた電通元専務の高橋《たかはし》治之《はるゆき》の証言を中心に話を進めていく。それは西欧州主義者の描く姿とは少々異なることだろう。

ただ、このことだけは日本人として理解しておいたほうがいい。

七四年のＦＩＦＡ会長選挙で、アベランジェが敗れていれば、未《いま》だにサッカーは欧州と南米大陸のいくつかの国、世界の一部で熱烈に愛されるスポーツに留まっていただろう。欧州リーグにアフリカ人選手が急増することはなかった。また、一〇〇億円を超える移籍金が発生する選手も存在しないはずだ。何より、Ｊリーグというプロリーグが創設されることも、日本でワールドカップが開催されることも、本田圭佑や香川真司のような欧州で躍動する選手も出て来ることはなかったのだ。

では始めよう――。

田崎健太

電通とＦＩＦＡ　目次

第一章

ペレを日本に呼んだ男

一　後楽園競輪場

かつて――。

一九六〇年代から七〇年代にサッカーに携《たずさ》わっていたのは、この競技のことが好きでたまらない人間ばかりだったろう。特にマイナースポーツの一つに過ぎなかった日本において、熱心な人間は限られており、そのほとんどは顔見知りで、何らかの形で繋がっていた。

中野登美雄《なかのとみお》はその輪の一人だった。

中野は一九四〇年に東京で生まれ、中学校からサッカーを始めている。初めて日本代表の試合を観たのは、五六年六月、メルボルンオリンピックの予選だった。後楽園競輪場で三日に行われた第一試合、日本代表は韓国代表相手に二‐〇（前半〇‐〇）で勝利。ところが一〇日の第二試合で〇‐二（前半〇‐〇）で敗戦。一勝一敗となり、〝代表資格〟決定のため三〇分間の延長戦が行われた。それでも〇‐〇。そこで勝負は〝抽選〟にゆだねられ、日本がオリンピック出場権を手にした。

韓国だけに勝利すれば本大会出場、そして最後は抽選で決めるという、今から想像できないほど緩《ゆる》やかな時代だったのだ。

中野は武蔵大学卒業後、北海道硫黄株式会社という鉱業の企業に入ったが、サッカーから離れられなかった。

「初任給が二万七五〇〇円で、忘れもしないアディダスのワールドカップ（という名前のサッカーシューズ）を一万五〇〇〇円で買ったんです。初任給というのは親にお礼するもんだと父親にぶん殴られましたよ」

中野は五〇年以上前のことを思い出し、大笑いした。

中野がサッカーシューズを買った飯田橋のスポーツ用品店――「ヤンガースポーツ」は、日本リーグのチームへユニフォームを卸していた。

あるとき、店主から日本代表が土のグラウンドを探していると相談を受けた。そこで中野は母校である武蔵大学を紹介することにした。

「それで平木（隆三）さんと仲良くなった。今じゃ信じられないでしょうけど、当時の日本リーグというのは選手が運営していたんですよ。それじゃ（選手が）可哀想だということで、運営グループを作った。それで駒沢と国立（競技場）の運営を手伝うようになった」

メルボルン五輪に出場した平木は古河電工の監督を経て、六八年のメキシコ五輪では代表チームのコーチを務めていた。平木たちから請われて中野は、六九年四月に日本サッカー協会の職員として働くようになった。

この年の七月、ＦＩＦＡ主催の第一回コーチングスクールが開催されている。このスクールを仕切ったのが、日本サッカーの父と言われるドイツ人、デットマール・クラマーである。

このスクールはアジア各国からコーチを集めて講義と実技を教え、試験に合格した人間にライセンスを与えるというものだった。協会に入ったばかりの中野は、この運営に忙殺されることになった。

コーチングスクールの終了式には、当時ＦＩＦＡ会長だったスタンリー・ラウスも出席した。このコーチングスクールは、ラウスの肝いりで始めたものだった。

「なぜかラウスとは仲良くなってね。俺とお前はＦＩＦＡだって言われた。つまりフェデレーション・インターナショナル・ファットマン・アソシエーション。ぼくは若かったのにお腹が出ていてね」

中野は腹部を指さした。

元審判のスタンリー・ラウスは、イングランドのサッカー協会の事務局長を二七年務め、六一年にＦＩＦＡ会長となっていた。四八年のロンドン五輪での功績を認められて、爵位を受けている。

その後、そのラウスとＦＩＦＡ会長選挙を争うことになったジョアン・アベランジェが選挙活動で日本にやってきたことを、中野はかすかに覚えている。

「（日本サッカー協会の入っていた渋谷区神南の）岸記念体育館の一階にスポーツマンクラブってあるでしょ？　アベランジェがあそこに来て話した。自分をサポートして欲しいと言っていたような気がする」

記憶が朧気《おぼろげ》なのは、この元水球選手のブラジル人が人望あるラウスにまさか勝つとは思ってもいなかったからだ。

二　アフリカを味方に

ジョアン・アベランジェは、一九一六年五月八日にブラジルのリオ・デ・ジャネイロで生まれている。アベランジェの自叙伝『デテルミナソン・エ・コラージン（決定と勇気）』によると、父親ジョゼフはベルギーのリエージュ大学を卒業後、ペルーの首都リマにある大学で教鞭をとっていた。リマに七年間滞在し、ベルギーに帰国。しかし、欧州での生活が水に合わず、リオにある兵器商人の店で働くことになったという。そこでアベランジェが生まれた。アベランジェは水泳の選手として三六年ベルリン五輪、水球の選手として五二年ヘルシンキ五輪に出場している。

ある時期までブラジルでのサッカーは、中流階級以上が敬遠する娯楽だった。欧州移民であり、家庭内ではブラジルの公用語であるポルトガル語ではなくフランス語を話していたアベランジェにとって、サッカーではなく、水泳を選んだのは当然だったろう。

五八年、アベランジェは四一歳でブラジルスポーツ連盟会長に就任、そして七四年のＦＩＦＡ会長選挙に立候補した。

ぼくは九五年と二〇〇三年の二度、アベランジェを取材している。そのとき彼はこんな風に話した。

「立候補表明の三年間で世界八六カ国を訪れた。アジア、アフリカ、中東、南米、中米、欧州。当時のＦＩＦＡ加盟国は一四〇カ国。その多くを私は回ったんだ。アジアでは中国が加盟しておらず、力を持っていたのはフィリピンだった。フィリピン、インド、パキスタン、そして日本を訪れたものだよ」

そして、微笑みながらこう付けくわえたのだ。

「サー・スタンリー・ラウスが机の真ん中に坐っていたとすれば、私はその辺りにいた」

彼は手を伸ばして机の端を指した。

「今にも机から落ちそうな男だった」


七四年ワールドカップ開幕直前、ドイツのフランクフルトにあるコンベンションセンターでFIFA総会が開催された。

会長選挙では、FIFAに加盟する国と地域がそれぞれ一票を保持しており、一回目の投票で当選するには三分の二、二回目の投票では過半数が必要となる。

一回目の投票では、アベランジェ六二票、ラウス五六票。そして二回目の投票でアベランジェはさらに票を伸ばし、六八票。五〇票のラウスを軽々と上回り、新しい会長に選ばれた。

〝机から落ちそうな男〟が勝ったのだ。

当落を決めたのはアフリカの票だった。イタリアの「コリエレ・デロ・スポルト」紙はこう伝えている。


〈ある関係者は選挙終了後に「これからFIFAを操るにはアフリカ連盟を押さえれば

いいのだ」と吐き捨てるように言った。タンザニアでもドイツやイタリアと同じように一票を持っている。アフリカを味方につけるためにアベランジェは一億ドル以上を遣ったとみられている〉

アフリカには、ＦＩＦＡ総会に出席するための運賃にも事欠くサッカー協会が少なくなかった。彼らはＦＩＦＡの中では一票を持ちながら、目に見えない存在だった。アベランジェは様々な金銭的な支援を約束、彼らを顕在化させたのだ。

ＦＩＦＡ会長職は、ワールドカップの名前にもなった三代目会長フランス人のジュール・リメなど、欧州の人間が独占していた。この頃すでにブラジルはワールドカップで三度の優勝を成し遂げており、サッカー王国としての地位を確保していたが、それはピッチの中に過ぎなかった。

もっともこれはサッカーだけではない。欧米と第三諸国の差は大きく、ブラジルの人間がこうした国際的組織の長についた前例はなかったのだ。

三　FIFA草創期

FIFAの草創期を振り返ってみる。

ジュール・リメは著書『ワールドカップの回想　サッカー、激動の世界史』の中で、一八九八年頃から国際大会が頻繁に開催されるようになり、各国のサッカー協会を結ぶ「常設の連絡機構」を設置し、規約や協約を定めようという動きが起こったと書いている。

〈オランダ・サッカー協会を代表するヒルシュマン氏が、イニシアチブをとって、最初の国際規約草案を起草した。実をいえば、彼の意図は控えめなものだった。その提案は単なる相互承認協約を結ぶことで、各国サッカー協会に国内での権威を与え、分裂騒ぎが起きた場合に他の協会が支援するという形のものだった。まだ全世界の協調にはほど遠く、協約の及ぶ範囲もヨーロッパ大陸を超えるものではなかった。

1902年5月8日、ヒルシュマン氏は、この計画をイングランドのサッカー協会の事務局長フレデリック・ウォール卿に通知した。イングランドの協会は、1863年創立の世界最古のサッカー協会で、多数の優秀な選手の上に君臨していた。ウォール卿は、近く開かれる協会理事会にこの提案を提出すると返答した。これを境に検討が始まり、1904年5月21日、国際サッカー連盟（FIFA）の創立に至った〉ジュール・リメ『ワールドカップの回想　サッカー、激動の世界史』（川島太郎・大空博訳、ベースボール・マガジン社、一九八六年）

しかし、イングランド・サッカー協会はこの設立の会議に参加していない。FIFA初代会長となるフランス人のロベール・ゲランは参加要請の書簡を送ったが、イングランド協会事務局長のフレデリック・ウォールから「国際的な連盟の利点を見いだせなかった」という返事がきたという。

サッカー発祥の地、イングランドの傲慢《ごうまん》なまでの誇り高さについて、ジャーナリストのクリストファー・ヒルトンは『欧州サッカーのすべて』で次のように説明している。

〈英国では第1次大戦前にはすでに、リーグ戦とFAカップのトーナメント戦がどの国よりもずっと組織的に運営されていた。しかし、この事実はますますお山の大将的根性をあおることになる。英国のなかでも特にイングランド人が世界中にこのスポーツを広めたことは、嬉しい（外国人にとっては奇妙な）パラドックスである。多くのヨーロッパ諸国のサッカーの歴史をひもとけば、長い間忘れ去られていたサッカー伝道師としての大勢の英国人に必ずや出会うだろう。しかし、英国の国そのものがそうであったように、英国人は自分自身とその倫理観に忠実であり続けた〉クリストファー・ヒルトン『欧州サッカーのすべて』（野間けい子訳、大栄出版、一九九五年）

サッカーはイングランドの所有物であると、彼らは固く信じ、他国を軽視していた。イングランドのサッカー協会が、国名のつかないＦＡ（The Football Association）――サッカー協会を名乗っていることはその名残りだ。

イングランドは一九〇五年にＦＩＦＡに加入。初代ＦＩＦＡ会長となっていたゲランは、イングランドサッカー協会会長のダニエル・ウールフォールにその座をあっさりと譲っている。しかし、イングランドはスコットランドと共に第一次世界大戦後に脱退。一九二四年に再加盟するが、二八年に再び脱退した。三度目の加盟は第二次世界大戦後になってからのことだ。

ＦＩＦＡは各国の代表による世界選手権大会――ワールドカップ開催を主たる目的として

いた。しかし、第一次世界大戦を挟んだこともあり、最初のワールドカップの開催が決まったのは一九二九年にバルセロナで開催されたＦＩＦＡ総会だった。

第一回の開催地はウルグアイ。ウルグアイが大会運営費、参加チームの旅費、滞在費を全て負担するという条件だった。

しかし——。

〈この財政条項は、参加者にまったく負担がかからないものだけに、文句なしに有利な条件のはずだったが、それでもヨーロッパの各国協会の大半は好意的にとらず、むしろその反対であった。その背景には、当時、サッカー界では、まだ今日ほど海外遠征に対する意欲が乏しかったこともある。

通信や交通にも、当時は非常に時間がかかった。大西洋を船で横断することは、多くの人にとって恐ろしい冒険のように思えた〉『ワールドカップの回想　サッカー、激動の世界史』

結局、ヨーロッパ大陸から第一回ワールドカップに参加したのは、ベルギー、フランス、ルーマニア、ユーゴスラビアの四カ国だけだった。もちろんイングランドは参加していない。当初、不参加を表明していたフランスは、ジュール・リメが粘り強く説得して回り、翻意《ほんい》に成功させた。

ＦＩＦＡ会長はイギリス人のダニエル・ウールフォールの後、そのジュール・リメが引き継いだ。そしてベルギー人のルドルフ・ジルドライヤーを挟んで、イングランドのアーサー・ドルリー、そしてスタンリー・ラウスが続いた。

こうした流れの中で、ブラジル人のジョアン・アベランジェがイギリス人のラウスを破ったのだ。欧州、特にイングランド人の怒り、絶望、反発は容易に想像できる。

四　コカ・コーラ社

一九七六年、中野は日本サッカー協会の事務局長に就任、事務方の代表としてＦＩＦＡに関わるようになった。

七七年冬、ワールドカップ・アルゼンチン大会の抽選会に合わせて、ＦＩＦＡの理事会が開かれている。理事会の議題の一つが、七九年に行われるワールドユース（現・U‐20ワールドカップ）の開催地決定だった。

ワールドユースはアベランジェがFIFA会長選に出馬したときの公約で、七七年に第一回大会がチュニジアで開催されていた。これまで主要な国際大会が開かれたことのなかったアフリカ大陸を初回に選んだところに、アベランジェの強い意向が感じられる。

この大会のスポンサーになったのが、コカ・コーラ社だった。

中野によると、FIFAから日本サッカー協会に向け、ワールドユース開催地に立候補しないかという打診があったという。いわば、あらかじめ勝利が約束されていた立候補だった。ブエノスアイレスのホテルで行われた理事会で、ワールドユースの日本開催はすんなりと承認された。

アベランジェは早くからアジア、特に日本の市場価値を認めていた。加えて、コカ・コーラ社が日本での開催を強く望んだのだと中野は想像していた。

そしてこのコカ・コーラ社が、一つの才能を引き寄せることになる。

五　電通開発事業局

　このFIFA理事会から先立つこと数カ月前、東京の国立競技場で「ペレ・サヨナラ・ゲーム・イン・ジャパン」という試合が行われている。

　これは日本サッカーの「正史」の中では、一つの親善試合に過ぎない。ただ、日本のサッカービジネスの観点では、ここから全てが始まったともいえる——。

　元ブラジル代表で、北米リーグのニューヨークコスモスに所属していたペレが引退を表明。日本で二試合、古河電工と日本代表との引退試合を行うことになった。この試合のプロデューサーを任されたのが、高橋治之だった。

　高橋は一九四四年四月六日、東京に生まれている。慶應義塾大学法学部を卒業後の六七年、電通入社、大阪支社新聞雑誌局に配属され、朝日新聞を担当していた。七〇年三月、大阪万博が開催されており、電通は大阪を中心とした関西地区に力を入れていたのだ。

　しかし、東京育ちの高橋は大阪での生活が肌に合わなかったという。

「東京に帰してくれ、帰してくれって言っていた。そんなことばかり口にするなと叱られるぐらい。もう辞めてやろうと思ったらようやく帰してくれた。四年半、大阪にいたことになるかな」

七一年七月、高橋は発足したばかりの「総合開発室」に移ることになった。この時期、電通は〝ニュービジネスの営業〟と名付けた、従来の広告業務とは異なる分野への進出を模索していた。

社史である、『電通一〇〇年史 1901-2001 Dentsu 100th anniversary』（電通一〇〇年史編集委員会編、電通、二〇〇一年）はこう書いている。

〈（筆者注・「総合開発室」では）①CATV、ビデオ・パッケージ、データ通信などの新メディア、②コミュニケーションの変化の様相、③それに伴う広告代理業の機能の変化、④それらの根底にある消費者意識・価値観の変化などの社会環境の変化に目を向け、新しい課題、プロジェクトを設定し、積極的、総合的、体系的に研究・開発・事業化の推進などの基本的な問題の研究に着手。七二年十月以降は総合計画室（社長室と総合開発室が併合）が中心となって、広告部門で長年にわたって蓄積してきた知識・技術・経験が活用できる分野を選定し、営業化の方法を検討してきた。さらに広告主・媒体社から、従来の広告業務とは異なる分野での相談や作業依頼も増加、これらの要請に対応するた

めに〈筆者注・七五年七月〉開発事業局新設となったものである〉

曖昧《あいまい》でつかみどころのない説明である。恐らく所属する人間も何をすべきなのか理解していなかっただろう。

高橋自身も総合開発室に違和感をおぼえたという。

「今のIT関係が出る前にケーブルテレビの検討をしたりと、東大や京大出身の博士のような頭のいい人、いわゆるインテリばかりが一五、六人集まっていた。最初はシンクタンクのようなものを作るという話だったんだけれど、THINK（考える）、ではなくてSINK（沈む）のほうじゃないのって思っていた」

みんなお利口《りこう》さんでさ、ぼくは異質だったよ、と高橋は鼻で笑った。

「総合開発室」から「開発事業局」に発展していくうちに、仕事内容が具体化している。前出の『電通一〇〇年史』では、開発事業局の仕事内容を〈文化イベントとスポーツ・イベントの総合企画プロデュース、キャラクターなどの権利関連ビジネスおよび音楽・映像・映画・旅行その他のプロデュースといった広告業務周辺で営業化したニュー・ビジネス〉と説明している。

才能、努力、様々な要素はあれど、一人の人間ではどうにもならない大きな流れに、背中を押されて進んでしまうことがある。電通が新たな分野に踏み出す時期に居合わせたことが、高橋の人生の進むべき方向を決めたのだ。

六　電通とテレビ

ここで電通の歴史を簡単に振り返ってみる。

電通の始まりは、一九〇一年七月に、光永星郎《みつながほしお》が創業した「日本広告株式会社」である。光永は一八六六年に熊本県八代郡野津村《やつしろぐんのづ》（現・氷川町《ひかわ》）で生まれた。徳富蘇峰《とくとみそほう》の父、一敬が教鞭をとる共立学舎に入学。しかし、当時高まりつつあった藩閥打倒運動に共鳴し、退学した。藩閥とは、明治政府の要職を薩摩、長州両藩の出身者が占めていたことを意味する。この藩閥打倒運動はやがて終息、光永は軍人を志し陸軍士官学校を目指した。ところが、受験勉強中にひょう疽《そ》で右脚が不自由になり、軍人になる資格を失ってしまった。

軍人を断念した光永が次に目指したのは、政治家だった。野党の政治家と組んで、政府批判の演説をしてまわったという。そして一八八七年に「保安条例」により東京から〟三里〟以遠の追放処分を受けた。この保安条例では、尾崎行雄、星亨《ほしとおる》、片岡健吉、中江兆民《なかえちょうみん》らも同様の処分を受けている。その後、光永らは大阪朝日新聞が経営する「大阪公論」や、「めざまし新聞」「福岡日日新聞」などに寄稿。一八九四年に日清戦争が勃発すると従軍記者として中国各地を回り、通信社を興《お》こすことを思いつく。

〈日清戦争に従軍して、折角苦心して書いた従軍記が、通信機関の不備のために、日本の新聞には、はるかに遅れて掲載された。とくに外国に対する報道手段の欠如から、外国新聞特派員の明らかに誤報と思われるものに対しても、なんら対抗手段がとれない。みすみす日本の立場を不利に陥らせたという、いくつもの事実が、光永の中に苦い体験として充満していた〉『電通66年史』(電通社史編集委員会編、電通、一九六八年)

まず光永が設立したのは広告代理店だった。通信社を運営するには莫大な経費がかかる。また、当時の新聞は質が低く、通信社の需要はほとんどなかった。そこで、光永は〈新聞社と広告主の共同機関的性格をもって、一方で通信社を興こしてニュースを提供し、地方、広告代理業を興こして広告を供給する。そして新聞社から受け取る通信料と、新聞社に支払う広告料を相殺することを思い立った〉と『電通66年史』には書かれている。

一九〇一年一一月、日本広告株式会社に併設して、通信社「電報通信社」が設立された。一九〇六年一〇月、二社は合併、日本電報通信社となった。

一九三六年、日本政府は国策通信社一社に絞るという報道統制を始めた。この年は、二・二六事件、日独防共協定が締結され、戦争へとひた走ることになった年だった。日本電報通信社は、通信社部門を閉鎖、広告代理店専業となる。

電通を今の形に作りあげたのは、第二次世界大戦後に第四代社長となった吉田秀雄《よしだひでお》である。

終戦直後の一九四六年、電通の売り上げは一億一七一七万円に落ちこんでいた。

それが五二年には八三億二一三一万円となっている。これは前年に、ラジオ東京（現・TBS）、文化放送、新日本放送（現・毎日放送）など一六社に予備免許が与えられ、民間ラジオ放送が開局したからだ。この民間ラジオ放送こそ、吉田がGHQ、日本政府、新聞社などに根回しして実現した、〝最新のメディア〟だった。

その後、ラジオはテレビにとって代わられた。当初、吉田はラジオと違って、テレビに懐疑的だったという。ところがテレビが有望だとみた彼は、すぐに方向転換している。

一九五三年、最初の民間テレビ局である日本テレビが開局した年に、全広告費のうち電通の占有率は、前年の一六・二パーセントから二四・〇パーセントに伸びた。一九五九年、皇太子成婚の年、テレビ受信機は約四五〇万台となり、テレビ全体の広告費がラジオ全体の広告費を超え、七五年には新聞を超えた。電通はテレビと共に成長し、次は手数料ビジネスからの脱皮を図ろうとしていた。

七　アミザージ

さて、ペレである。

ペレこと、エジソン・アランチス・ド・ナシメントは、一九四〇年一〇月二三日にブラジルのミナスジェライス州トレス・コラソンエスという小さな街で生まれた。

サンパウロ州のバウルの下部組織を経て、一五歳のとき一九五六年にサントスFCに入った。翌年、サンパウロ州選手権で得点王を獲得、プロ契約を結んでいる。

五八年のワールドカップ・スウェーデン大会では背番号一〇をつけて出場、ブラジル代表を初優勝に導いている。その後、六二年、七〇年大会でもペレとブラジル代表は優勝を成し遂げた。

ペレは七四年のＦＩＦＡ会長選挙にも深く関与している。

ＦＩＦＡ会長となったアベランジェをコインの表側とすれば、裏側に当たるのが、エリアス・ザクーという男である。ザクーは世界で最初の代理人だと言われている。レバノンで生まれ大学卒業後、親戚を頼ってブラジルに来たという。ブラジルには多くのレバノン人が根を張っている。日産自動車ＣＥＯのカルロス・ゴーンもブラジル系レバノン人だ。ザクーこそが、鞄一杯の札束を持って、アフリカ諸国の支持を固めて回った人間だった。ただ、報道陣嫌いで知られており、ブラジルでもほとんど取材を受けていなかった。

いったい、どんな男なのか。

ぼくはつてを辿って、ザクーの連絡先を手に入れたが、彼は、ブラジルの他、欧州にも家を所有しており、なかなか連絡が付かなかった。

二〇〇六年一一月、ぼくはブラジルへ取材へ行くことが決まり、駄目元で知人からリオ・デ・ジャネイロにある彼の家に電話を入れてもらった。すでにサッカービジネスから引退していたこともあったのだろう、取材を受けてもいいという。ザクーは、サッカー協会にいた中野の他、三浦知良の父親で代理人業をしていた納谷宣雄《なやのぶお》とも親しかった。日本からわざわざ来るということが、彼の心にひっかかったのかもしれない。

しかし――。

取材日が近づくと、彼との連絡が途切れた。運良く繋がったとしても機嫌が悪い日はすぐに電話を切られた。ブラジルのベテランジャーナリストは、ザクーとの約束をとりつけたのだと言うと「何かの間違いじゃないか」と首を振った。

とにかくぼくはリオに着いてから電話を入れた。すると「どうして勝手に来たのだ、取材には応じない」とむくれていた。それでも日本から来たのだということで、「一〇分だけ」時間を貰うことになった。

このとき、リオではビーチサッカーのワールドカップが行われていた。このために彼はリオに戻ってきたのだと合点《がてん》がいった。ザクーが、目立たない深い紺色のフォードの大衆車で約束していたホテルに現れたのは、約束の九時から四〇分遅れた頃だった。

中野や川淵（三郎）は元気にしているかと一通り世間話をした後、「七四年のＦＩＦＡ会長選挙の際、鞄一杯の札束を持ってアフリカ諸国を回って、金を配ったという噂は本当か」と訊ねた。するとザクーは憮然とした表情をしながら「我々は資金がなかった。金を使ったのはスタンリー・ラウス陣営の方だ」ときっぱり否定した。そして、アフリカ諸国がアベランジェを支持したのは「アミザージ（友情）」だったと強調した。

その「友情」が生まれたのは、ペレのいるサントスFCをアフリカツアーに連れて行ったからだ。

「誰でも自分の国以外に好きな国というのが一つぐらいあるだろう。アフリカ人はサッカーが好きで、ブラジルが好きなんだ。アフリカでペレは、ブラジル、そしてサッカーと同義語だった。ペレが試合をするとスタジアムは満員、街の動きがすっかり停まってしまった程だ。ペレの影響力は大きかった」

サッカーの世界を少しでも知っていれば、「友情」で票を集めたというザクーの言葉を信じるのはあまりにお人好し過ぎる。ペレをきっかけに作った人脈を利用し、金額の多寡はともかく何らか便宜を図ったことは間違いないだろう。

七五年、ペレはサントスFCからアメリカの北米サッカーリーグに所属するニューヨークコスモスに移籍している。

コスモスはワーナー・ブラザースなどの資金を背景に、ペレを皮切りにブラジル代表のカルロス・アルベルト、西ドイツ代表のフランツ・ベッケンバウワーなどの著名選手を集めていた。

七六年、ペレとニューヨークコスモスは日本を訪れている。そのとき、ペレは日本の代理人だった青山ヨシオに、来年引退するつもりだと打ち明けた。アメリカだけでなく日本でも引退試合をやれば客が入るとひらめいた青山は、電通に話を持ち込んだのだ。

八　七万二〇〇〇人

ペレの引退試合の話を耳にした高橋は「自分に任せてくれれば必ず成功させる」と手を挙げたという。

このとき、日本サッカーはどん底にいた。この年の日本リーグの平均観客数は一試合あたり一七七三人、過去二七シーズンで最低の数字だった。

高橋はこうした数字は気にならなかった。サッカーを知らなくとも、ペレの存在は特別だった。彼の最後の試合を観たいと考える人間は沢山いるはずだと踏んでいた。あとは、いかにこの試合の存在を多くの人間に知らしめることができるか、だった。

まずは名称だ。

「古河電工対ニューヨークコスモス」、あるいは「日本代表対ニューヨークコスモス」では人を惹きつけることができない。そこで高橋は、「ペレ・サヨナラ・ゲーム・イン・ジャパン」と名付けた。

次に高橋が考えたのは、テレビを利用することだった。当時、スポーツイベントのほとんどは新聞社が主催しており、告知は新聞中心だった。しかし、テレビの影響力は新聞以上である。テレビで流すことができれば、自然と客は集まることだろう。しかし、テレビ広告を打つ資金はない。

そこで、高橋は試合にスポンサーをつけることにした。

このとき、サントリーは「サントリーポップ」という新しい清涼飲料水を売り出していた。ポップの王冠を集めて送ると、抽選で試合チケットが当たるというキャンペーンを提案したのだ。

そして、そのキャンペーンは当たった。

ポップのテレビコマーシャルや新聞広告に「ペレ・サヨナラ・ゲーム」の文字が出ることになり、子どもたちの間でチケットの奪い合いが起きるほどの騒ぎとなったのだ。

高橋はサントリーにスポンサー契約を持ち込んだとき、ピッチサイドに看板を置くと約束していた。

ところが――。

国立競技場は文部省（当時）の管轄下にあり、公園法が適用されていた。公園の中には一切広告を出してはならなかった。

調べてみると、国立競技場は整備等の運営費で赤字が出ていた。そこで文部省の体育課課長に「世界のどこの国でも看板を置くのは当たり前になっている。その金はメンテナンスに使えるではないか」と掛け合って、特例を認めさせた。

しかし、古河電工との試合に認可は間に合わず、高橋は代わりにポップと書かれたTシャツを着た人間を立たせた。初めて看板が置かれたのは二試合目の日本代表戦だった。高橋は日本で最初にピッチサイドに看板を置いた人間となった。

そのほか、ペレのマーク入りワッペン、キーホルダー、試合のプログラムを会場の売店で販売した。これらも初めての試みだった。高橋によると、こうした売り上げだけで三〇〇〇万円に上ったという。

古河電工戦は九月一〇日、日本代表戦は九月一四日に国立競技場で行われた。後者の試合はサッカー協会の公式発表では六万五〇〇〇人、高橋が把握している数字では七万二〇〇〇人の観客を集めたという。その後、消防法の関係で観客席が減らされたため、この記録が破られないまま、二〇一五年に同競技場は取り壊された。

試合翌日の「朝日新聞」はこう書いている。

〈スポーツというより、千両役者ペレが出演する演劇のような試合であった。だから、劇評を書くような心境でもあった。

恐らく日本スポーツ史上最高といえる超満員の観客を集めた場内は、ひっきりなしにワアワアわいた。新聞・雑誌などを通してのみ彼を知っている人がほとんどだろうに、なぜ、こうも熱狂するのか、まったく不思議なムードとしかいいようがない〉（一九七七年九月一五日付）

サッカー担当記者が首を捻《ひね》るような不思議なムード――これはまさに高橋が意図したことだった。

高橋によると、この試合の成功がワールドユースのスポンサーである、コカ・コーラ社のアメリカ本社の目に留まったのだという。

「ペレ・サヨナラ・ゲームが大成功して、日本みたいにサッカー不毛の地であれだけお客を入れて盛り上げた。アトランタの本社が調べて、日本支社に電通の高橋というプロデューサーがいる。そいつにやらせなきゃ駄目だという話になった」

このとき、電通の顧客の中にはペプシコーラ（ペプシコ社）が含まれていた。ペプシコーラとは同業他社と取引しないという契約があったという。

「それでぼくは会社にお伺いを立てた。コカ・コーラから頼まれたので、その仕事をやりたいと。上司がコカ・コーラは電通本体がやり、ペプシは子会社のＪＩＭＡ電通に担当させるという判断を下した」

そして、高橋はワールドユースの責任者として日本にやってきたゼップ・ブラッターと知り合うことになったのだ。

ゼップ・ブラッターと初めて言葉を交わしたのは、一九七七年の年末、岸記念体育館の会議室だったと高橋は記憶している。

渋谷区神南にある岸記念体育館は六四年、東京オリンピックに合わせて建設された。日本オリンピック委員会や日本体育協会のほか、各種競技団体が本部を置く地上五階、地下一階のビルである。日本サッカー協会もこの鉄筋ビルの一室を事務局としていた。

この日、日本サッカー協会はワールドユースの会議のために、共用の会議室を借りていた。狭い部屋には、日本サッカー協会、大会スポンサーのコカ・コーラ社、そして電通の高橋たち、そしてブラッターが詰め込まれていたという。

このとき、ブラッターの肩書きはＦＩＦＡのテクニカル・ディレクターだった。肩書きはともかく、この男は会長のジョアン・アベランジェのアシスタントだと高橋は認識していた。

一九三六年三月一〇日、ブラッターはスイスのマッターホルンに近いフィスプという小さな街で生まれている。

スイスは多言語国家であり、フィスプ近辺ではドイツ語が日常会話として使用されていた。彼はスイス・アイスホッケー連盟を経て、時計メーカーの「ロンジン」で働いた。そこでオリンピックの運営に携わり、アベランジェから誘われて、七五年からＦＩＦＡの事務局に入った。

ブラッターはドイツ語のほか、フランス語、英語、スペイン語、イタリア語の計五カ国語を流暢に操ることができた。アベランジェが話せるのはフランス語とポルトガル語だけ。多国籍組織であるＦＩＦＡを本格的に動かそうとしていたアベランジェには、語学が巧みで器用に立ち回ることのできる人間が必要だったのだ。

それまでアフリカ大陸で主要な国際大会が開催されたことがなかったゆえの経験不足もあるだろう、チュニジアで行われた第一回のワールドユースは成功とはいえなかった。二回目はコカ・コーラ社というスポンサーの威信にかけても、失敗できない。ブラッターは、コカ・コーラ社、そしてアベランジェの信頼を確かにするためにも、この極東の地で行われる第二回ワールドユースを成功させなければならなかった。

九　看板とNHK

何度か会議を重ねるうちにブラッターは、日本で大会を開催する難しさに気がついたはずだと高橋は振り返る。

「日本にプロリーグがない上、出場するのは二〇歳以下の名前も知らないプレーヤーばかり。その大会にテレビ放送を行い、客を集めてスポンサーのコカ・コーラにも喜んでもらわなければならない。大変なことだねとブラッターは口にするようになった」

まずは試合を中継するテレビ局を探すことからだった。

ペレの引退試合と違っていたのは、大会の正式名称に「ワールドユース・フォー・コカ・コーラ」と企業名が入っていることだった。民放のテレビ局に放映を持ち掛ければ、スポンサー枠の話になる。当然、コカ・コーラ社の同業他社にテレビCMを販売できない。

「民放だと、電通は幾らコマーシャル料を保証してくれるんだという話になる。コカ・コーラに予算を訊ねてみると、大した金額は残ってなかった。とても番組スポンサーになれない」

もう一つ、FIFAから出されていた厄介《やっかい》な条件があった。

大会全試合の映像を撮影、国際映像として世界中に配信しなければならないという。民放では、全試合を撮影することはない。中継しない試合の映像製作費を主催者側で支払うならば、一試合約一〇〇〇万円。全試合では莫大な金額になるだろう。また、このとき、衛星中継は一般的でなく、民放局には技術的な不安もあった。

そこで高橋はNHKと交渉することにした。しかし、NHKにも障害があった。ピッチサイドに並べられた看板である。すでに大会にはオフィシャルスポンサーがついていた。

「大相撲中継では、企業名の入った懸賞金が土俵に出るとカメラを引いていた。ペレ・サヨナラ・ゲームのときはとりあえず看板を置かせてもらうという形だった。正式にオーソライズドされたのはワールドユースから。ぼくは、世界のサッカー中継に看板は自然に映っている。看板を削ることばかり意識していたら、いいサッカーの映像は撮れない。あれは石ころです。石ころを映しているのと同じと説得した」

何より苦心したのは、集客である。

ペレの場合は、知名度があった。しかし、ユースの選手など誰も知らない。観客が見たいと思う、あるいは思い入れを喚起する策が必要だった。そこで高橋が目をつけたのが、コミックだった。本宮ひろ志に『あしたの勇者たち』というサッカー漫画を描いてもらうことにしたのだ。本宮は『男一匹ガキ大将』『俺の空』などで人気となっていた漫画家だった。

「本宮さんとも会議をした。彼も面白いって乗り気でね。まずは漫画雑誌に描いて、それからアニメを作らせたんだ」

『あしたの勇者たち』は、大会に先駆けて七九年七月一日に日本テレビで放送された。北海道で暮らしていた少年がサッカーの才能を見出され、ユース日本代表で力を発揮していくという内容の一話完結アニメーションだった。

後日談になるが、このアニメーションを製作した東映アニメには、この番組を放映したいという打診が世界中からあり、各国語に吹き替えられて放送されたという。高橋たちは気がついていなかったが、サッカーのアニメは世界で需要があったのだ。

そして、もう一つ高橋が仕掛けたのが、抽選会をショーとして見せることだった。

七九年二月二三日、高輪プリンスホテルで、組み合わせ抽選会が行われている。

「今ではどの大会も抽選会、ドローはビッグイベントになっているでしょ？　当時はそうした抽選会はなかった。ぼくが、何しろ話題がないから抽選会も話題にしようと言い出した。会場で出場国の女の子に着物を着させてね。さすがに全部の参加国から、というのは無理だったので、日本の女の子が中心だったけど。各テレビ局に頼んでその様子も取りあげてもらった」

ワールドユースでもペレ・サヨナラ・ゲームと同様に、公式グッズを多数製作した。

一〇　マラドーナ

第二回ワールドユースは八月二五日から始まった。

日本代表は予選グループで、スペイン、メキシコ、アルジェリアと同じAグループに入った。このときの日本代表のメンバーには、まだ高校生だった風間八宏《やひろ》（清水市立商業高校）、水沼貴史（法政大学）、柱谷幸一（国士舘大学）などの名前を見つけることができる。日本は一敗二分で予選グループ敗退となった。

地元の代表があっさりと負けても、高橋には運があった。

「正直なところ、ぼくでさえ集客には期待していなかった。そうしたら、アルゼンチンに凄く巧いのがいると話題になった。アルゼンチンがどんどん勝ち抜いていって、最後はソ連との決勝。国立競技場に結構客が入っていたね」

アルゼンチン代表にディエゴ・アルマンド・マラドーナがいたのだ。

マラドーナはすでに一部では知られている存在だった。小柄な軀《からだ》でボールを魔術師のように操る彼には、選ばれた者だけがまとう特別な雰囲気があった。

九月七日、国立競技場で行われた決勝には五万二〇〇〇人の観客が詰めかけ、アルゼンチンが三‐一で勝利した。試合後の表彰式では、アベランジェが主将のマラドーナに優勝杯を手渡した。

予想以上の成功だった。

大会期間中、日本に詰めていたブラッターと高橋の距離は近づいた。

「彼はぼくよりも七つ年上なんだけれど、同じゼネレーションと言ってもいい。一緒に仕事をして、飲みに行ったりした」

あるとき、高橋はブラッターにこう言われたという。

「初めて日本での会議に参加したとき、電通の人間がいる理由が理解できなかった。サッカー協会、スポンサーのコカ・コーラ、そしてＦＩＦＡの人間で大会を運営すればいい。大会が近づくにつれて、お前たちがいる必要性が分かった。中継テレビ局を決めたり、抽選会を企画したりと、大会の盛り上げを電通がサポートしてくれた」

大会後の八一年、ブラッターはＦＩＦＡ事務局長になっている。これはワールドユースでの成功によるものだったと高橋は確信している。

日本は、ブラッターがＦＩＦＡの階段を上る一歩となったのだ。ブラッターと高橋、そして日本の絆《きずな》はここから太くなる――。

第二章

現金入りの封筒

一　翔んでる人間

一九七九年、日本で開催されたワールドユースが終わった直後、高橋治之は、スイスのFIFA本部に向かっている。

このスイス行きについて高橋は次のように説明する。

「ブラッターと会うために行ったんだ。ブラッターとアベランジェがチューリヒにいるときに挨拶をしにいこうと思った。（ワールドユースが）成功したタイミングで、ワールドカップを電通にやらせてくれと話しに行こうとね」

FIFAに行くことは上司の指示だったのかと訊ねると、高橋はフフフと声を出して笑った。

「出張は自分で決めていた。誰も（自分に）命令なんてしない。自由にさせてもらっていたんですよ」

ペレの引退試合「ペレ・サヨナラ・ゲーム・イン・ジャパン」とワールドユースを手がけたことで、高橋は平社員ながら電通社内でも一目置かれる存在になっていた。

こうした行動の背景には、電通という企業の体質もあった。

田原総一朗は、八四年の著書『電通』（朝日文庫）で、〈電通とは個人商会の巨大集合体。電通マンの一人一人が仕掛人で、仕掛人たちが伸縮自在、まるでアミーバーのようにくっついていてふくれあがったり、分裂したりするかたちで成り立っている企業〉と定義した上で、ある社員の言葉を紹介している。

「そこが電通のすさまじさ、おそるべき柔軟性に富んだところでして、個人、あるいは、私的グループが猛然と突っ走る。会社は、それを、応援も反対もせずに眺めている。もし、ヘマをしたら、それは個人的ヘマであったとして、会社は責任をとらない。そしてうまくいきそうになると、会社は認知はするが、やはり、きわめてクールで、いぜんとして個人的な独走で仕事を取っていかねばならない。そして、具合が悪くなると、たちまち選手交代となる。個人は倒れても会社は絶対に倒れない。翔んでる人間たちと超保守の会社との奇妙なバランスの上に成り立っている、これが電通なのです」（傍点は筆者による）

高橋はまさしく、〝翔んでる人間〟だった――。

このときワールドカップのマーケティングを担当していたのは、イギリスのウエスト・ナリーという会社だった。

同社は、イングランドの広告代理店に勤めていたパトリック・ナリーと、クリケットのコメンテーターであったピーター・ウエストが立ち上げた。スポーツ用品の販売ではなく、「スポーツ」それ自体を商品として扱う、世界で最初の会社であった。

　ウエスト・ナリー社は、ワールドカップ、欧州選手権、ヨーロッパチャンピオンズカップ（現・チャンピオンズリーグ）、ヨーロッパカップウィナーズカップ、ワールドユース、世界女子選手権の全てのスタジアムに看板を出す権利を「インターサッカー4」と名付けて売り出した。大会ごとではなく、四年間という期間で一つのパッケージとしたのだ。

　スポンサーは一業種一社、計八社に限定。スポンサー企業は、全てのスタジアムに四枚の広告看板を出し、大会のロゴマークの広告使用も可能。また販売促進に使用する試合のチケットも割り当てられた。

　ウエスト・ナリー社の日本での窓口は、ジャック・K・坂崎と博報堂だった。高橋によると坂崎は電通に話を持ち込んだのだが、断ってしまったのだという。

「スタジアムに看板をつけてどうして何億も支払うのか。担当者が全然理解していなかった。博報堂の人間もワールドカップのスポンサーになるという意味を分かっていなかったと思う。ジャックから聞いた話をそのまま持って行ったら、企業の方がその価値を認めたんだろうね」

一九七〇年代後半から八〇年代にかけて、日本経済は高度成長から安定成長期に入り、製造業は国外へ、その販路を拡大していた。世界を市場と目していた企業にとって、ワールドカップは格好の宣伝媒体だった。

坂崎が社長を務めるウエスト・ナリー・ジャパン社は、富士フイルム、キヤノン、セイコー、JVCの四社とワールドカップオフィシャルスポンサーの契約を結ぶことに成功していた。

二　ジャック・K・坂崎

ジャック・K・坂崎は、日本のスポーツビジネスの歴史を描く上で、高橋治之と共に外すことのできない男である。

一九四六年に熊本県下益城郡《しもましきぐん》砥用町《ともちまち》（現・美里町《みさとまち》）で生まれた坂崎は、高橋よりも一つ年下に当たる。

坂崎の血筋は太平洋を挟んだ国、アメリカと深く結びついている。母方の祖父がアメリカに移民していた。アメリカ生まれの母が一時帰国した際、教師だった父と知り合い結婚、坂崎が生まれた。

「爺さんが一九〇一年にアメリカへ行っている。一家で日本に遊びに帰ってきたとき、親父と見合い結婚した。母以外の家族はアメリカに帰ったけど、母は日本に残った。そのうちに（太平洋）戦争が始まって、両親は日本語の先生として朝鮮へ行った。父親は二一歳で、生徒は一三歳から一七歳。ほとんど年が変わらないので、厳しくしなきゃと、よくぶん殴って教育したと言っていた」

坂崎の父親は柔道、剣道、相撲を学んでおり、腕っ節には自信があった。文句があるなら掛かってこいと校庭に呼び出して、生徒を投げ飛ばしたという思い出話を、坂崎は後になってから聞かされた。

それでも真摯《しんし》に向き合っていたかどうかは生徒に伝わるものだ。後に、ソウル農業大学（現・ソウル市立大学）の学長となった教え子たちが、韓国に招待したいと父親を探しに来たこともあったという。

一九四五年八月、日本はポツダム宣言を受諾、敗戦を受け入れた。坂崎が生まれたのはその翌年のことだ。

そして一〇歳のとき、一家はアメリカに渡った。

「戦争の後で、日本での生活は大変だった。母親の両親も年取ってきたし、アメリカに帰ることになった。母親は三人きょうだいの真ん中だったけど、お姉さんが亡くなっているので一番上になっていた」

戦前、母方の家族は移民した日本人によくあるように洗濯屋から始め、スーパーマーケットの一画で野菜を売るようになった。後にそのスーパーマーケットは全米に展開している。戦争がなければ、うちの一族はスーパーマーケットのオーナーの一人になっていたかもしれないと、坂崎は冗談めかして言った。

そうならなかったのは、日本人は敵性国民とされ、財産を没収、収容所に入れられたからだ。一族は戦争で全てを失った。

戦後、坂崎の祖父たちは収容所から出るとカリフォルニア州のサクラメントに近い場所で、レストランとホテルの経営を始めていた。坂崎さんの軀の中には起業家の血が流れているんですね、とぼくが感想を漏らすと「そう」とにっこり笑って頷《うなず》いた。

「アメリカに行ったとき、英語はゼロ。熊本弁しか喋れない。何も分からなかった」

そんな坂崎を救ったのはスポーツだった。

「フットボールと柔道。でも柔道で飯は食えない。ハイスクールではフットボールのキャプテンだった。だから、フットボールで大学に行った」

フットボールの方が女の子にモテるじゃないと彼は軽口を叩いた。坂崎はカリフォルニア大学バークリー校を卒業後、建築事務所に入った。

「中学生ぐらいから建築家になりたかった。でも図面を引いていると頭痛としびれがひどくなってきた。首はフットボール、肩は柔道の後遺症だね」

椅子に座り続けることがつらくなり、建築から一時離れることにした。そんなとき、東洋ガラスという日本企業が、技術関係で英語ができる人間を募集していた。母国に戻って日本語をきちんと覚えるのも悪くない。そう考えた坂崎は面接を受け、二〇〇人の応募者の中からたった一人、合格した。

こうして一九七二年九月、坂崎は日本に戻ることになった。しかし、坂崎の東洋ガラスでの会社員生活は長く続かなかった。

入社約二カ月後の一一月二九日のことだ。モスクワのシェレメーチエヴォ国際空港で、日本航空四四六便が離陸直後に墜落、乗客乗務員六二人が死亡した。その中に、坂崎を東洋ガラスに誘った副社長が含まれていたのだ。

後ろ盾を失い、会社の中での立場は不安定なものになってしまった。また、工場のある川崎での寮生活は、太陽が燦々《さんさん》と照りつけ、開放的な空気の流れるカリフォルニア育ちの坂崎には窮屈なものだった。

「空気が汚くてね。寮は六畳一間、他の人間も一緒に住んでいるのでゴミだらけ」

工業地帯の灰色の空を見ているだけで、坂崎の気は滅入った。そこで、アメリカにいた恋人を呼び寄せて結婚、蒲田《かまた》にあった家族用の社宅に移ることにした。

「会社にはいろいろと良くしてもらったんだよ。でも、一年半ほどすると、このままここにいると俺は普通の日本人になってしまう。サラリーマンで一生を終わるのが嫌だと。辞めてアメリカに帰ることを考え始めていた」

そんな鬱々《うつうつ》とした気分を抱えていたある朝、いつものように英字紙のジャパンタイムズを読んでいた坂崎の目は一つの広告に止まった。

インターナショナルマネージメントグループ——ＩＭＧという企業が人を募集していたのだ。

一九七三年一二月のことだった。

三　マスターズと生中継

ＩＭＧ社は、クリーブランド出身の弁護士、マーク・マコーマックが一九六〇年に設立した。アーノルド・パーマーを手始めに、ジャック・ニクラウス、ゲーリー・プレーヤーという当時のトップ三人のゴルファーのマネージメントを手がけている。さらに六七年にはトランス・ワールド・インターナショナル（ＴＷＩ）というテレビ制作会社を買収し、放映権ビジネスにも乗り出していた。

「面接に行ったら向こうの人間から、建築など今までのキャリアを全て捨ててもいいのかと訊ねられた。俺はスポーツで育ててもらったし、スポーツで仕事ができるのは最高だと答えたんです」

ＩＭＧ社で坂崎が最も記憶に残っている仕事は、テニスプレーヤーのビョルン・ボルグを巡る交渉である。

ボルグは七四年の全仏オープンに優勝、一八歳にして世界最高の選手として認められるようになっていた。ボルグはＩＭＧ社の契約選手で、坂崎はラケット契約のためヤマハと交渉することになった。

当初、この契約は一〇万ドルだったという。坂崎がヤマハを説得してIMG本社に連絡を入れると、その金額は一二万五〇〇〇ドルに値上がりしていた。再び、坂崎はヤマハの本社のある浜松まで足を運び、二万五〇〇〇ドルの増額を認めてもらわなければならなかった。

しかし――。

「IMG本社から二、三回条件を変えられて、なんとかヤマハには飲んでもらった。そうしたらIMG本社から全く別の会社と契約するという連絡が来た。ヤマハとはアルミか何かの最新鋭の素材を使ったラケットを使うことになっていた。契約した会社は一五万ドルで旧式のウッドラケット。いったい何なのだと思ったよね」

世界各地で金額を競《せ》らせて一番高いところと契約する。下の人間には本当の条件、他との交渉の経緯を教えない。自分は鵜飼《うか》いの鵜のように必死で魚を捕ってはき出すだけなのだ。坂崎は、IMG社のアメリカらしいビジネスライクな体質に嫌気が差すようになっていた。

藤田敦《あつし》という人間から電話が入ったのはそんなときだった。

「突然電話があって、ジャック坂崎ですか？　って。俺はこれから新しい事業を始めようと思っている。三人の人間に相談してみたら、三人ともジャック坂崎の名前を出してきた。だからどうしても君と会いたい。明日空いているか、と」

藤田の押しの強さに坂崎は戸惑ったという。

「明日空いているかと言われても、明日は仕事がある。そうしたら、朝七時には仕事はねぇだろうと言われた。確かに仕事は九時から。それで、ホテルオークラでブレックファーストミーティングすることになった」

大阪の毎日放送の営業部にいる、そう藤田は自己紹介した。近々、会社を辞めて、国際的なスポーツイベントを日本のテレビ局に紹介する会社を始める。そのためにはスポーツを知っており、英語のできる人間が必要だ。手伝って欲しいとまくし立てた。

「俺は毎日放送でこんな仕事をしてきたという自慢話から始まった」

『まんが日本昔ばなし』『仮面ライダー』などは藤田が立ち上げた企画なのだという。

「これからは海外のイベントを日本のテレビで生中継する時代になる。彼のアイディアというのは、電通と博報堂が押さえていない深夜、早朝にそうしたスポーツイベントを放送していくというものだった」

藤田の強みは、在京二つのキー局を押さえていることだった。

七〇年代半ばまでは、テレビ局の系列化が曖昧で、東京のキー局と大阪の準キー局のネットワークが、

NET（日本教育テレビ。現・テレビ朝日）＝毎日放送
TBS＝朝日放送
というようにねじれた関係になっていた。
藤田はTBSとNET（テレビ朝日）の編成も営業も全て知っている。時間帯によって、どれぐらいの金額ならば売れるかも分かっているのだと自信満々だった。そして、来週から動いてほしいと藤田は坂崎に迫った。
「IMGは辞める気でいたけど、向こうにもある程度の余裕を与えなければならない。それで一カ月欲しいと言ったんだよね」
藤田の実兄で、テレビ制作会社「ビデオプロモーション」を経営していた藤田潔《きよし》の書いた『テレビ快男児』（小学館文庫、二〇一二年）という本の中に、ゴルフジャーナリストの三《み》田村昌鳳《たむらしょうほう》との対談がある。そこで、三田村は、藤田敦と坂崎の出会いについて触れている。
〈**三田村**　敦さんが毎日放送を辞めて会社をつくるときに、赤坂の鮨屋に呼ばれたんです。夜でした。「三田村君、わしゃ会社を辞めて、新しい会社をつくる。俺一人じゃできない。英語が話せてスポーツを本当に知っている人が誰かおらんかね」。ジャック坂

崎という男がいるのですが、血は繫がっていないが縁があって、ＩＭＧ（注・アスリートのマネージメント会社）を辞めたがっているが、日本語もおぼつかないし、漢字も読めないという話をしたところ、すぐに会いたいというんです。私が帰宅してから連絡するというと、今すぐ電話しろという。しかも、明日の朝七時にホテルオークラで朝がゆを食べるから、そこに呼べと。これがジャックと敦さんの出会いです〉

藤田が坂崎との出会いを急いだのは、ゴルフの「マスターズトーナメント」の中継交渉があったからだ。

マスターズは一九三四年に始まった大会で、前年度の世界各地のツアーでの賞金ランキング上位者、メジャー選手権優勝者など、名手（マスター）のみが招待される。オーガスタ・ナショナル・ゴルフクラブで行われ、「ゴルフの祭典」と呼ばれることもある。

当時マスターズは、ＴＢＳが二週間遅れで録画放送していた。当然、放送時に視聴者は結果を知っている。それではゴルフの本当の面白さは伝わらない。藤田はこの大会を生中継できないかと考えたのだ。

四　まむしの藤田

再び同書から引用する。

〈(前略) 弟は、私のところに相談にきました。

「マスターズを生で中継したら面白いと思わないか。兄貴ぜひマスターズの生中継をやろうよ」

強い意志を持った提案でした。

当時弟は毎日放送の東京営業部長だったので、TBSに直接交渉するわけにはいかず、私自身がTBSと話をすることになりました。一九七五(昭和50)年のことです。

「藤田さん、オーガスタの時差を考えると、日本での放送は朝の四時か五時です。こんな時間に誰が見るんですか」

編成や営業の担当責任者はあきれたように言いました。確かに、今でこそテレビは二四時間放送が当たり前ですが、当時は深夜や早朝の放送など考えられなかった時代です。しかも放送用の衛星がやっと上がり、衛星放送が始まった矢先です。(中略)

ビデオプロモーションで全枠を買い切るということで納得してもらい、何とかマスターズの生中継にこぎつけました〉

ＴＢＳの説得が終わった直後、藤田は毎日放送を退職、アメリカに飛び、マスターズを運営するオーガスタナショナルを訪問したと書かれている。

一九七六年夏、坂崎は藤田と共に、テレ・プランニング・インターナショナル（ＴＰＩ社）という会社を設立した。新会社は「藤田組」とするという藤田を「国際的な仕事をするのだから、横文字の方がいい」と説得し、ＴＰＩ社と名付けたのだと坂崎は言った。

「最初はアメリカのＡＢＣネットワークから回ったのかな。ＡＢＣとはある程度つきあいがあったから。ゴルフからテニス、野球、全部（放映権を）取りに行った。大リーグのワールドシリーズも五〇〇〇ドルで買った。当時、メジャーリーグはマーケティング部門などなかったので、ＡＢＣインターナショナルから買って、深夜に放送した。ＢＢＣからブリティッシュ・オープンゴルフ、そしてマスターズ。あの頃は世界中を飛び回っていて、一年の三分の二ぐらいは海外だったかもしれない。日本の藤田さんと電話で〝これぐらいの値段を提示された〟〝高すぎる、値切ろう〟〝いや、これ以上は無理です〟なんてやりとりをして」

押し出しが強く商売上手な藤田と、国際感覚のある坂崎の二人三脚は理想的だったろう。

「ぼくはＩＭＧの（マーク・）マコーマックとかにも会っているけど、ビジネスセンスは藤田さんの方があった。すごいバイタリティで、まむしというのが渾名《あだな》だった。スポンサーに食いついたら離さないから」

しかし、あくまでスポーツを仕事の題材としてとらえる藤田と、スポーツが文化として認められているアメリカで育った坂崎の間に齟齬が生まれ、やがてその距離は広がっていった。

カレッジフットボールの招聘交渉の際、藤田の言葉をきちんと通訳しなかったという理由で二人は口論になった。日本的営業の流儀で、だらだらと前口上を続ける藤田に坂崎はうんざりしていたのだ。

七七年一二月、坂崎はＴＰＩ社を退社、自らの会社を設立。ＩＭＧ社では選手マネージメント、マーチャンダイジング、ＴＰＩ社では放映権やイベント企画を手がけてきた。今度はスポーツを題材として、その両方を仕事とする会社にするつもりだった。

年が明けた七八年一月、坂崎は付き合いのあった世界中の取引先に挨拶まわりを始める。

ロンドンにはＩＭＧ社の同僚だったアンドリューという男が住んでいた。以前、アンドリューからは、自分の働いている会社で七八年ワールドカップ・アルゼンチン大会のロゴマークである「ガウチート」の権利を扱っている、日本企業に売ってくれないかという連絡をもらったことがあった。日本ではワールドカップの知名度は低い。そんなものは売れるはずもないと断っていたが、わざわざロンドンに行くのだ、久しぶりにアンドリューに会ってみようと連絡をとることにした。

すると——。

「ジャック、いい時に来てくれた。俺のボスがいるから会ってくれと言われた」

アンドリューのボスとは、ウエスト・ナリー社の社長、パトリック・ナリーである。前述したように、元々広告代理店で働いていたナリーはピーター・ウエストと共に、六〇年代後半にウエスト・ナリー社を立ち上げていた。

「ウエスト・ナリーには当時、三〇人ぐらいのスタッフがいて、クリケット、バスケット、テニスのクライアントサービスをしていた。一番大きいクライアントは、ベンソン・アンド・ヘッジスという煙草メーカー。煙草メーカーは広告が打てなかったので、イベントを打っていた」

ナリーは坂崎と少し話をすると「現在、ワールドワイドのプロジェクトを始めようとしている。日本にパートナーを探していたところだ」と話し始めた。

「初対面でお互い何も知らない。でも同じ年で気が合ったんだろうね。色々と話をして一緒にやろうという話になった」

ナリーが始めようとしていたプロジェクトとはワールドカップやチャンピオンズカップなどをパッケージ化し、スポンサーを募ることだった。

「プレゼンテーション用の資料、スライドとかをみんな見せてくれた。一業種一社に絞ってワールドカップのオフィシャルスポンサー。オフィシャルスポンサーになれば、大会ロゴマークを広告に使用することができる。そして試合の行われる全てのスタジアムに看板を置く。話を聞いて面白いなと思った。すでにコカ・コーラがスポンサーになることはほぼ決定。後は日本の企業に話をしてもらいたいとナリーは言った」

ナリーと坂崎は三日間、文字通り膝詰めで話し合い、日本企業の窓口としてウエスト・ナリー・ジャパン社を立ち上げることになった。

ウエスト・ナリー・ジャパン社の最初の仕事は、七九年五月二二日にスイスで行われたFIFA創立七五周年記念試合の看板スポンサーを探すことだった。この試合はアルゼンチン対オランダ、前年（七八年）のワールドカップ決勝の再戦だった。

この試合で背番号一〇をつけていたのは一八歳のディエゴ・アルマンド・マラドーナだっ

た。日本で行われたワールドユースで、アルゼンチン代表を優勝に導くのはこの四カ月後のことだ。

ベルンのスタジアムにはホンダとキヤノン、二社の日本企業の看板が置かれていた。両社とも坂崎が二五万ドルで契約をまとめたものだった。

この時期、坂崎はナリーと共に、世界のサッカービジネスを裏で操る仕組みを作り上げようとしていた男――アディダス社のホルスト・ダスラーと会っている。

五　ホルスト・ダスラー

ホルスト・ダスラーは、一九三六年三月に西ドイツのバイエルン州北部エアランゲンという街で生まれた。父親はスポーツ用品メーカー「アディダス」の創設者、アドルフ・ダスラーである。

彼は職人肌の父と違い、いかに靴を売るかに執着した。著名なアスリートに父アドルフの作った靴を履かせて広告塔にしたのだ。五六年のメルボルンオリンピックでは、メダルを獲得した選手のうち、四分の三がアディダスの三本線の靴を履いていたという。

ホルスト・ダスラーは、七四年のＦＩＦＡ会長選挙はラウスが勝つだろうと考えていたようだ。しかし、アベランジェが会長になる前後に急接近、彼の後ろ盾となった。互いに敵に回すとやっかいだと認め合ったのだ。ワールドカップをよりお金を集める大会としたいアベランジェ、世界規模の大会を使ってビジネスを展開したいホルスト、お互いの利害が一致していた。

アベランジェは七四年のＦＩＦＡ会長選挙で、次のような公約を掲げている。

一　ワールドカップ本大会の出場国を八二年には二四に増やす。
二　二〇歳以下の世界選手権を創設する。
三　二一世紀に相応しいＦＩＦＡの新しい本部を建設する。
四　開発途上国の協会に用具を提供する。
五　開発途上国におけるサッカー競技場の建設、修復を援助する。

公約〈二〉がワールドユースである。

ホルスト・ダスラーにはアベランジェの公約を実現させる資金はなかった。ただ、目端の利くダスラーは、企業がスポーツに大きな関心を持ち始めていることに気がついていた。

七〇年代初頭までスポーツの世界におけるスポンサーとは、陸上競技場の掲示板に企業名を控えめに入れる程度だった。そこに、スポーツへ投資することによって、清潔なスポーツのイメージを自社に重ね合わせ、よき企業市民としての評価を得るという、素朴な看板に代わるスポンサーシップの手法が現れた。

このやり方ですでに結果を残していたのが、パトリック・ナリーのウエスト・ナリー社だった。ダスラーはナリーに声を掛けることにした。

ナリーは、ダスラーの意向を受けて世界中の大企業を訪ねて回り、契約を取り付けていった。その最大のものがコカ・コーラ社だった。

アベランジェ＝ダスラー＝ナリーが、次に狙ったのは、七八年のワールドカップ・アルゼンチン大会だった。ジャーナリストのバーバラ・スミットによる『アディダスVSプーマもうひとつの代理戦争』には、次のような記述がある。

〈ホルスト・ダスラーはアルゼンチンの主催者を説き伏せて、成果が見込めそうな契約をまとめた。アルゼンチン大会のマスコット〈ガウチート〉に関する権利を獲得したのである。ところが半年後、クーデターにより軍が政権を握り、取り交わしたばかりの契約は白紙に戻された。拷問を行い、トラック一台分もの政敵を排除した政権の下では、まともなワールドカップの開催は望めないという非難の声が上がった。FIFAはこうした主張を却下したが、ライフルや軍靴の音がする中では、パトリック・ナリーのセールストークも冴えなかった。

次から次へと役員室を回ってマーケティングプランを売りこむ間も、ホルストとナリーは、この非公式である提携に苦労して資金をつぎこみ続けた。数年にわたってかなりの金額を投資したが、この投資から充分な収入を得たのは、ワールドカップ後だった。ホルストはこの事業のことを家族に内緒にしていたため、アディダスの資金を使うわけにはいかなかった。また、アルゼンチンの軍事政権からの要求も、この事業をさらに厄介なものにしていた。それでも、ホルストとナリーは、あきらめるつもりはなかった。きっと成功するとわかっていたのである〉バーバラ・スミット『アディダスVSプーマ　もうひとつの代理戦争』（宮本俊夫訳、ランダムハウス講談社、二〇〇六年）

ダスラーと家族の微妙な関係については後述する。

ダスラーとナリーは、ワールドカップ・アルゼンチン大会の資金問題を解決するため、七七年、モンテカルロにモナコ国際プロモーション（ＳＭＰＩ社）という会社を立ち上げている。これはダスラーが五五パーセント、ナリーが四五パーセントを所有する合弁会社である。

『アディダスVSプーマ』によると、ＳＭＰＩ社の調達資金や利益は、スイス、モナコ、オランダ・アンティル諸島を経由、その正確な出所は偽装されていたという。

六　現金入りの封筒

坂崎はナリーと共にダスラーのコテージ、通称「ダスラーハウス」を訪れ、彼の手法を垣間見ることになった。

ダスラーは、一九七六年にフランスのアルザス地方、ストラスブール近郊のランダーシャイムに、アディダス・フランス社を設立していた。

フランスに残されたシャイムとつく地名は、ドイツ語圏の名残りである。一帯はドイツとフランスが支配を交代した歴史があった。また、アルザス地方はワインに使用する葡萄の生産の他、伝統的に靴の製造が盛んだった。フランスのドイツ語文化圏で、技術者に困らないという意味では、ドイツ生まれのスポーツメーカーが拠点を置くのに相応しい場所であっただろう。

ランダーシャイムは葡萄畑の中にある、のどかな田舎町である。その田舎の一本道から少し入ったところにアディダス・フランス社、その隣にスイスの山荘を連想させるコテージがあった。

「空港に着いたら車が待っていて、ランダーシャイムに向かった。コテージにはちゃんとした部屋が準備してあって、〝ゆっくり、くつろいでください〟と言われた。ランチはワインを飲みながら、一二時から始まって三時ぐらいまでやっているんだよね。部屋に戻ったら、今度は七時からディナーだという。まだ腹一杯なのにまた飯を食べるのかって思ったね。そしてまた夜はフルコース。ワインセラーにいろんなワインがあって、何でも飲んでくださいという感じ」

邸宅を去る日になると、ダスラーハウスの地下に案内される。そこには靴、ウエア、鞄、様々なアディダスの製品がずらりと並べられており、客はどの製品でも好きなだけ持って帰ることができた。

「最後に運賃の立て替え分というような名目で、キャッシュの入った封筒を渡されるんだ。いや、いや、いりませんと断っても、これは来て貰った運賃だ、受け取ってくれと。うちからのコントリビューション（寄付）だと」

もちろん――ランダーシャイムまでの運賃は各競技団体、あるいは企業が必要経費としてまかなっているはずだ。つまり、運賃の立て替えという名目の「賄賂」である。

このダスラーのやり方こそが、今に繋がるＦＩＦＡの腐敗体質のはじまりだったといえる。

貴方《あなた》も貰ったのですか、と坂崎に尋ねると「貰った」といたずらっぽく笑った。

「だけども他の（競技団体などの）人とは額が違うと思うよ。中には一五〇〇ドルとか二〇〇〇ドルが入っていたかな。一五〇〇ドルだけ、と思うかもしれないけど、当時はそれでヨーロッパと日本を往復できたからね」

坂崎は、ダスラーハウスに滞在した間はとにかく忙しかったという記憶もあるという。

「ミーティングばっかり。（アルミテオ・）フランキ（ＵＥＦＡ会長）も来ていたしね。フランキは当初、ぼくたちの提案に賛成していなかった。まずは彼を口説く必要があった。フランキの様子を見ていると、パトリック（・ナリー）とはいい関係だったけど、ダスラーとはあまりよくなかったと思う」

ダスラーは母国語であるドイツ語の他、英語とフランス語を話した。

「彼はオープンな会議には参加しない。ほとんど一対一。ぼくたちはパトリックとセットだったので、二対一だった。物静かでソフトな印象の男。ただ目付きは鋭かった」

ナリーはフランキを説得し、ＵＥＦＡの協力を取り付けることに成功。そして、ウエスト・ナリー社は、八二年までの四年間を一つのパッケージとした「インターサッカー４」を完成させたのだ。

しかし――。

坂崎はこのとき、ナリーが自分に対して隠しごとをしていることも、高橋が自分たちの権利を狙っていることも知らなかった。

七　ＦＩＦＡ本部

話を高橋のＦＩＦＡ行きに戻す――。

ＦＩＦＡ本部は、スイス最大の都市チューリヒの小高い丘の中腹にある。創立七五周年を記念して七七年に落成したばかりの建物はＦＩＦＡハウスと呼ばれていた。これもまたアベランジェ体制の果実といえる。

入口の硝子戸を開けると広々したロビーになっており、大きな窓からはチューリヒの街が一望できた。

高橋がＦＩＦＡの本部に着くと、ブラッターが満面の笑顔で出迎えてくれた。

「その日は理事会のメンバーが集まっていた。折角《せっかく》来たんだから、みんなに紹介すると」

ブラッターは高橋のことを、ワールドユースをプロデュースした男であると皆に紹介した。

「そうしたら、アベランジェが一言、喋れっていうんだ。そこで、マーケティングはこれから重要になっていく。日本ではウエスト・ナリー・ジャパンというのがやっているけど、我々も本気になってＦＩＦＡとサッカーのためにやっていきたい。今はただ看板をスタジアムにつけているだけだけれど、電通ならば放送局の手配、スポンサーが喜ぶ露出ができる。我々に任せてくれればもっとちゃんとしたマーケティングをやりますよと講釈を垂れたわけです」

このとき高橋は英語がそれほど得意ではなかった。ブラッター、そしてアベランジェに自分の考えていることを伝えるつもりで、内容をあらかじめ準備していたのだ。

高橋によると、彼が口にしたある言葉にアベランジェの顔が強ばったという。

それはこんな発言だった。

「一社八億円と聞いているが、スタジアムに並べるのは四枚。一枚二億円というのは高すぎる。看板の原価を考えればもっと下げてもいい。あまり高いとなかなかスポンサーがつきにくい」

「ちょっと待て」

アベランジェが手で高橋を遮《さえぎ》った。

「高い安いというのは、どういう判断で言っているんだ」

アベランジェは大きく目を見開いて高橋を見つめた。

「自動車の話をしよう。タイヤがどのくらいの値段、シャフトがこの値段、ボディがこの値段だから自動車はこういう値段になるとメーカーが明らかにしているのか。していない。値段というものは、需要と供給のバランスによって決まるものだ。自分たちはこの値段は妥当だと思っている」

高橋はアベランジェの剣幕に引き下がることにしたが、彼の言葉は、世界のスポーツビジネスを独占しようとしていたダスラーを刺激することになった。

第三章

契約解除通告

一　ロス五輪と電通

ワールドユース終了が一九七九年九月七日。高橋治之はいつＦＩＦＡを訪れたのか、正式な日時ははっきり覚えていない。ただ、それほど離れておらず、年内であったことは間違いないという。

この七九年という年は、電通が全社的にスポーツビジネスという山に爪を立てようとしていた時期でもあった。ワールドカップと並ぶもう一つの巨大なスポーツイベント、オリンピックを狙っていたのだ。

高橋が、アベランジェ他、ＦＩＦＡの理事たちを前に強気な態度で話をしたことは、オリンピック、そしてホルスト・ダスラーに繋がる歯車を回したことになった。

以下は高橋の推測である。

ＦＩＦＡハウスで高橋の話を聞いたアベランジェは、ホルスト・ダスラーに連絡をとった。高橋が訴えたのは、電通はウエスト・ナリー社とダスラーよりも優れたマーケティングをＦＩＦＡに提供できるということだ。そしてダスラーは、電通という日本企業、そして高橋の情報を得るために、ピーター・ユベロスという男に連絡をとった――。

ビジネス面で、オリンピックが大きく変わったのは、八四年のロサンゼルス五輪である。そのロサンゼルス五輪で組織委員長を務めたのがユベロスである。

ユベロスは、一九三七年二月にアメリカのイリノイ州で生まれた。運動能力に優れた彼は、高校時代は水泳、アメリカンフットボール、そして野球の選手だった。奨学金を得て進学したサンノゼ州立大学時代は水球選手としてメルボルン五輪の代表候補選手になったが、五輪出場は叶わなかった。

大学卒業後、航空会社に就職、六三年には自ら旅行代理店を設立した。この旅行代理店をアメリカ二位にまで成長させた。この手腕を見こまれて組織委員長となったのだ。

オリンピックは七四年に憲章からアマチュアの文字を削除、プロ選手の参加が可能となった。その結果、大会規模は拡大、運営費も高騰した。八〇年にアメリカのレイクプラシッドで行われた冬季オリンピックでは運営資金が回収できず、組織委員会が破産している。

一九七八年五月、ロサンゼルスが八四年のオリンピック開催地に決まった。ところが、開催費用、環境問題に鑑《かんが》みて市民に不利益が多いという意見が大勢を占め、ロサンゼルス市議会が開催に反対していた。そこで、ロサンゼルスの有力者たちが、市にはもちろん、州、国にも依存せず民間の有志でオリンピックを開催しようと、「南カリフォルニア準備委員会」という組織を立ち上げた。この準備委員会がロサンゼルス組織委員会に移行したのだ。ユベロスに託されたのは、自治体に負担を掛けることなく、大会を運営することだ。それには企業から金を集めなければならない。電通はそこに商機を見ていた。田原総一朗著の『電通』では、複数の電通社員が、それぞれユベロスに接触していたと書いている。同業他社はもちろん、電通の社員も競争相手だった。

〈服部庸一（営業企画室次長兼ロサンゼルス・オリンピック室長）も、その一人である。五十二歳。

「ロス・オリンピックは、まさにゼロからの出発でして……。ぼくは、アメリカに友人が多いので、その友人たちに、そう、やみくもに、かたっぱしから手紙を書いたり、電話をしたり、三〜四カ月は、そんなことばかりしていました。もう必死ですよ。モスクワ・オリンピックを博報堂に取られたので、今度は、何としても取らなきゃならない、とね」

服部は、こうしてユベロスをつかまえた武勇伝を披露しはじめた。

事実、モスクワ・オリンピックの日本でのエージェント権は、博報堂が取っており、そのためもあって、電通マンたちは、なにがなんでもロサンゼルス・オリンピックは取らねばならないと、躍起になっていたようだ。

「そのうちにやっと、アメリカにいる友人の一人、ちょっと名前は明かせないが、その人物から、ユベロスを紹介できそうだ、といってきた。そこで、別の用事でアメリカに行ったときに、ロスに寄った。もちろんユベロスに会うためです。ところが、友人が連絡をとると、ユベロスはロス郊外のベルエアー・カントリークラブへゴルフをしにでかけているという。この日が、忘れもしない（七九年）六月十二日で、二日後、十四日には渡辺（正雄）常務がニューヨークから帰国の途中、ロスに立ち寄ることになっていて、ぼくとしてはそのときまでに、どうしても、ユベロスに会っておきたかった。そこで、それってわけで、ゴルフ用具を調達して、車をゴルフ場に飛ばしたのです」〉

服部は高橋の上司である。

同書では、服部の人となりについても描写されている。

〈服部庸一。広告業界では〝すご腕〟の仕掛人として通っている。絶対に不可能だといわれていた全盛期のビートルズを日本に呼び、ペリー・コモを日本に連れてきた男。独力でスポンサーをつけて頭の古い相撲協会を口説き落とし、大相撲トーナメントをやらせた男。万国博を、ワタナベプロの女首領渡辺美佐のアシスタント・プロデューサーとして、実質的に取り仕切った男。マリリン・モンローが、大リーグの強打者ジョー・ディマジオと結婚して日本にやってきたときには、モンローの独占インタビューを取ろうと、帝国ホテルの、モンローの隣の部屋にしのび込み、モンローが部屋から出る瞬間を狙おうと、一晩中待っていたり、共同記者会見のときに、金屏風の裏側にひそんで、モンローが席を立つのを狙っていて、ディマジオに見つかり、思いっきり尻を蹴とばされたり……。とにかく強引きわまるやり手だ。

出張中に、家が焼け、社員が電話をかけたら、出張先に行ってなくて電話をかけた方をあわてさせたというサムライでもある〉

服部は、ユベロスへの説得材料として高橋が手がけた〝試合〟を持ち出したという。

〈(筆者注・電通がロサンゼルス五輪のマーケティング権を獲得できたのは)「一つには、タイミングがよかったことでしょうな」というのはロス支局長の田辺貫之である。「州からも、市からも、国家からも資金をあおがない。民間で金を調達し、運営する史上初のオリンピックだと、カッコよくいってはみても、具体的にどうやって資金を集めるのか、いや、本当に集められるのか。委員会には、むろん確たる方法論もなく、自信もなかった。まあ、いってみれば素人の集まりみたいなものですからね。そんなときに、電通が、大阪万博、沖縄海洋博、国体それから、東京国際女子マラソン、サヨナラ・ペレ・イン・ジャパン、これは、サッカーの名選手ペレのサヨナラ試合ですが、こうしたイベントの資金集めから運営、広報まで取り仕切った詳細なデータを提出したので、ユベロスをはじめ、委員会はすっかり電通を信用した。というより頼りにしてしまったのです」〉

(同書より)

『電通一〇〇年史』にも、服部がユベロスを口説いたというくだりがある。

〈七九年六月、米国ベルエアー・カントリークラブで、ロサンゼルス・オリンピック組織委員会（ＬＡＯＯＣ）のピーター・ユベロス委員長に、当時の東京本社連絡総務次長兼プランニング室長の服部庸一が会い、オリンピックに新しい試みを導入するとの情報を得たことから始まった。ユベロス委員長は、テレビ放映権、スポンサーシップとマーチャンダイジング・ライセンシング（各種商品化権）、入場券の三つの販売収益金によって全大会を運営するという構想を打ち出したが、電通は同年八月、社内にプロジェクト・チームを発足させ、八〇年三月には、いち早くＬＡＯＯＣとの間に、日本企業に対する公式スポンサー／サプライヤー交渉権、公式エンブレム（標章）とマスコット・キャラクター（イーグルサム）の独占使用許諾権、アニメ化・出版化・映画化権、入場券取り扱い諸権利のすべてを含む、日本国内における独占契約を結んだ〉

しかし、高橋によると、この交渉は百年史に記されているように、すんなりとは進まなかったのだという。

「アポイントメントが取れて服部さんが会いに行った。ピーターは日本で電通とやろうと言ってくれた。ところが、ミニマムギャランティを要求してきた。たしかエイトミリオンだったと思う。それで服部さんはそのまま日本に帰ってきた。ぼくは服部さんととても親しかった。服部さんは〝高橋、無理だ〟と。〝電通は広告代理店でマージンをとる仕事。お金を最初に投資するというのはできない〟。当時の電通はミニマムギャランティをしたことがなかった」

ミニマムギャランティとは、最低保証のことである。電通は日本企業を対象としてオリンピックの窓口となる。ただし、売れても売れなくても、八〇〇〇万ドルを保証しなければならない。利に聡《さと》いユベロスらしい条件だった。

「当時のぼくは平社員だった。でもスポーツのことはぼくに聞かなきゃ分からない。それで相談を受けた。ぼくは服部さんに〝これはやらなきゃ駄目です。オリンピックは電通がとりましょう。これからスポーツビジネスをやっていくのにエイトミリオンぐらいギャランティして仕事とらないと〟と言った。服部さんは〝そうか〟と。しかし、電通ではできないとも言ったんだ。とにかくピーターに呼ばれているから、すぐにロスに戻って返事しなければならない。服部さんは断るつもりでロスに向かった」

服部がロスに出発した後、高橋は上司たちと社内を説得して回ったという。

「ペレ・サヨナラ・ゲーム・イン・ジャパンを成功させたことで、全社的にこれからスポーツをやっていこうという空気があった。それで社内を説得して回って、ロスにいた服部さんに電話をいれた」

前出の『電通』でも、上層部が「リスクが大きすぎる」と否定的な態度になったと書かれている。そして、このとき勃発したソビエト連邦のアフガニスタン侵攻が、電通にとって有利に作用したという。

一九七八年、アフガニスタンでアフガニスタン人民民主党による政権が成立。しかし、ほぼ全土が対立する武装勢力に制圧された。そこで、人民民主党政権はソビエトに軍事介入を要請。一九七九年一二月二四日に軍事介入が実行された。

当時、アメリカとソビエトは互いに睨み合う冷戦関係にあった。アフガニスタンの武装勢力、ムジャーヒディーンに活動資金を提供していたのはアメリカだった。アメリカはアフガニスタン侵攻に抗議。モスクワオリンピックのボイコットを打ち出し、欧州や日本も追随する見通しとなった。この対抗策として、ソビエト及び東側諸国が、モスクワの次のロサンゼルスオリンピックをボイコットするという噂も出ていた。それだけでなく、ロサンゼルスオリンピック自体が中止になるのではないかという見方もあったという。

〈電通は（筆者注・ロサンゼルス五輪組織委員会との）契約保留の態度を決めた。そして、服部はそのことを伝えにロサンゼルスへ飛んだのだが、何とその場で逆に、契約を決めてしまっているのである。

服部が、電通は、本当はおりたいのだ、とあらわに表情に示しながら、契約を保留したいと伝えると、ユベロスは、オフィシャル・スポンサーの交渉権、スポンサー料のパーセンテージの決定権から、ロス・オリンピックの、日本での出版権、アニメ化権、入場券取り扱いなど、放送権を除くすべての権利を電通に独占させる、つまり、電通の好きなようにやってくれ、と大幅に譲った。アフガン事件で、すっかり弱気になったわけだ。

実は、服部は、ユベロスに会う前に、密かに、ソ連に探りを入れて、たとえアメリカがモスクワ・オリンピックをボイコットしても、ソ連は、ロス・オリンピックに出場するという情報を得ていた。となると、ロス・オリンピック開催に支障はない。そのことを知りながら、服部は、アフガン事件を、きわめて有効な交渉の武器として使ったわけだ。電通の試算では、ロサンゼルス・オリンピック関係での電通の売上高は約二百億円になるという〉（『電通』より）

どれだけ服部が型破りな人間であったとしても、一人の会社員に過ぎない。それを考えれば、会社の上層部を押し切って、一〇億円以上の契約をまとめてきたことは考えにくい。アフガン侵攻を交渉材料に使ったかもしれないが、彼が強気に出られたのは、日本で高橋たちが電通上層部を説得して回ったからだろう。

ともかく、電通はユベロスと交渉し、ロサンゼルスオリンピックの様々な権利を獲得し、国際的なスポーツビジネスへ本格的に乗り出すことになった。

二　ダスラーからの電話

高橋はＦＩＦＡハウスでアベランジェらと会った後、帰国。服部から呼び出されたのは、その直後のことだった。ダスラーから、電通の人間と会いたいという連絡が入ったという。

「服部さんは、サッカーに関してはお前が一番よく分かっているのだから、行ってこいと。こっちはチューリヒから帰ってきたばかりなのに勘弁して欲しかった。でもしょうがない。自分が蒔いた種だからね」

ダスラーの姉妹が、兄と手を組んでいるパトリック・ナリーに対して不信感を持っているという情報を高橋は得ていた。

「アディダスというのは元々スポーツメーカー。彼女たちはダスラーに対して、ナリーたちを使ってわけの分からないビジネスをしてアディダスの評判を落とさないでくれと言っていたらしい。ナリーたちのことをうさんくさいと思っていた」

アディダスの創始者、アドルフ・ダスラーには長男であるホルスト・ダスラーの他、四人の娘がいた。

アドルフの死後、会社は妻のケーテに引き継がれ、四人の娘も経営に関わった。

前出の『アディダスVSプーマ』によると、長女のインゲ・ベンテはドイツ国内のスポーツ振興を担当していた。彼女は原因不明の脳卒中により半身不随となってから、影響力を失ったという。次女のカレン・エッシングはマーケティング全般を担当。三女のブリギッテ・ベンクラーは兄のダスラーと共に、主に東欧諸国の人脈作りを任されていた。末娘のジークリットは夫の仕事でスイスに移るまでの短期間、衣料分野を管理していた。

アディダスは、ダスラー、四人の娘にそれぞれの夫を加えた家族経営だった。そして卓越した能力の創業者なきあとの家族経営によくあるように、決裁速度は遅く、些細なことを問題視することもしばしばで、幹部社員を困惑させていたという。頭脳明晰なダスラーは、そんな経営方針に嫌気がさし、家族とは距離を置いていた。

ナリーとダスラー、彼の四人の姉妹の間隙《かんげき》をつけば、何か反応が起こるのではないか。FIFAでの演説は、高橋の考えていた反応を引き起こしたのだ。高橋の言う「自分の蒔いた種」とはそういう意味だ。とんぼ返りで欧州に戻ることになった、と高橋は当時を振り返る。

「パリにプライベートジェットが迎えに来ていた。プライベートジェットでランダーシャイムの近くまで行き、そこからは車」

ランダーシャイムにあるホルストの邸宅、ダスラーハウスに向かった。

「着いたらダスラーが迎えてくれてね。こっちは疲れているのにすぐに会議をやろうと言うんだ。そこで、ちょっと待ってくれとサウナに入った。その後、ディナーを食べた。すごいワインセラーがあってね、どれでも好きなワインを飲んでいいと。サウナに入って食事を摂ったらもう眠くなってね。それでも徹夜で会議していた」

ダスラーは高橋にこう切り出したという。

「これまでウエスト・ナリーとやっていたことを、電通とやりたい」

想定された申し出ではあった。しかし、問題はウエスト・ナリー社との関係だった。高橋がそこを突くと、ダスラーは即答した。

「電通が一緒にやるならば、彼らとは縁を切る。それは任せてくれ」

ダスラーが考えていたのは、ワールドカップ、オリンピックのマーケティングを独占する新会社の設立だった。

「その会社は電通とフィフティ・フィフティ（五〇対五〇の対等関係）の出資。まずはＦＩＦＡのマーケティングをやる。いずれ陸上とオリンピックを加えて三本柱にする。本社はルツェルンに置く。タックス（税金）が安くて、ワーキングビザを取りやすいので外国人が雇いやすいという。何よりＦＩＦＡのあるチューリヒから一時間ほどの距離。こっちは状況が分からないので、ルツェルンがどんな場所とか全部、教えてもらった。ああ、そうなんだと」

電通、そして世界を席巻《せっけん》しつつある日本企業の資金力を、ダスラーはあてにしていた。

「ダスラーの姉妹たちは電通と組むのならば大歓迎ということだった」

電通側が乗り越えなければならない課題もあった。

ナリーを切るためには、ＳＭＰＩ社は解消しなければならない。引き続き権利を押さえるために、新会社の出資金の半分をＦＩＦＡに振り込む必要があるという。

「何十億という金が必要になった。オリンピックの時と同じで電通は基本的には手数料商売だから、リスクのある投資には慣れていなかった。そこで緊急会議を開いた。服部さんたちが動いてくれたことで、社長がやろうじゃないかと最終デシジョン（決定）してくれた」

ただし――。

高橋はダスラーとの窓口になったが、この新会社設立の実務的なやりとりからは遠ざけられることになる。その理由は後になって分かる。

三　ワールドカップでビルが建つ

新会社のたたき台をまとめた後、高橋が手をつけたのは、アメリカだった。

「なぜアメリカでサッカーが駄目なんだろうってみんなに聞いたら、アメリカンフットボールやメジャーリーグベースボールやバスケット、ホッケーなどアメリカ人の好きなスポーツがたくさんあって、サッカーは入る余地がないと言う。とはいえ、アメリカ人だって元をたどればヨーロッパから来ていたり、ラテンアメリカの人間も多い。ヨーロッパもラテンアメリカもみんなサッカーが好きなはず。アメリカで客を呼べないというのはやり方が下手なんじゃないのって思っていたわけです」

その頃、ぼくは若くて自信過剰だったからね、と高橋は大笑いした。

「よし、俺が行ってアメリカで超満員にしてやろうと。自分たちがやればアメリカでさえ満員にできるというのはＦＩＦＡに対する強力なアピールになる。ＦＩＦＡの人間をみんな招待しようと思っていた。それがいずれ日本でのワールドカップ開催に繋がることになる」

日本でワールドカップを開催したいと初めて口にしたのは、村田忠男だと高橋は記憶している。三菱重工の社員だった村田は、一九六七年からサッカー協会の理事を務めていた。

「村田さんは一番海外に出ていたし、ワールドカップの魅力をよく知っていた。よく言っていたよ、高橋君、ワールドカップを日本に持ってきたら、サッカー協会のビルが建つんだよって。それぐらいワールドカップは儲かるんだ。一緒にやろうよと言っていた」

ビルを建てるというのは、岸記念体育館の一室を間借りしていたサッカー協会にとっては夢の話だった。

「加えて当時、電通は国際化戦略を考えていた。すでに日本企業は世界に出て行っていた。海外でも電通はいろんな仕事のお手伝いができますよということを、日本のいわゆるグローバルカンパニーに示す必要があった」

ＦＩＦＡ、そして高度成長期で世界進出していた日本企業に、電通の存在価値を認めさせるために高橋が考えたのが国際連合児童基金（ＵＮＩＣＥＦ）主催のチャリティマッチだった。

「ユニセフをつけるのが肝なんですよ。ヨーロッパ、あるいはラテンアメリカの選手たちはボランティアに対する意識が高い。ユニセフが主催という形にすればノーギャラで選手を呼ぶことができる」

一九八一年一〇月、高橋はアメリカサッカー協会会長のジーン・エドワーズと会っている。アメリカで試合を開催するには、主管協会の承認をとりつけなければならなかった。

高橋によると、二人の会話は以下のようなものだったという。

アメリカがワールドカップの招致を望んでいることに触れながら、ペレ、ベッケンバウワーなど世界の著名選手を集めたチャリティマッチを企画していると高橋は切り出した。

「こうした試合を開催することは、ワールドカップに近づく」

「しかし……」

エドワーズは口ごもった。

ペレやベッケンバウワーがいたニューヨークコスモスの北米リーグは、決して成功しているとはいえなかった。主要な試合では二万人程度の観客を集めることもあったが、それ以外の試合では、投資に見合う観客数とはいえず、サッカーに対する熱は急速に下がりつつあった。

高橋はユニセフ主催、ＦＩＦＡ後援にするつもりだと付け加えた。

「過去にそうした試合はあるのか」

「ありません」

「ユニセフはこの話を了承しているのか」

「いや、まだだ。しかし、受けることになるでしょう」

試合は世界六〇カ国以上で放映されることになるだろう。ユニセフの名前は世界中に知られ、少なくとも二〇万ドル以上の基金を手に入れることができる。多少なりとも常識的な判断ができる組織ならば断る話ではない。

「それで、我々はどのような負担があるのか」

エドワーズが尋ねると、高橋は首を振った。

「一切ない。逆に入場料収入の一〇パーセントを提供する」

もし六万人の観客を集めることができれば、アメリカサッカー協会には七万ドル（当時のレートで約一六〇〇万円）以上の収入が入る。

　このとき高橋は、エドワーズが完全に信用してくれたという手応えはなかったという。しかし、自分たちにリスクがないならば、とエドワーズは高橋に試合の開催を認めたのだ。

　試合の日時は翌年八月七日、会場はニューヨークの郊外、約七万六〇〇〇人を収容できるジャイアンツスタジアムを使用することになった。

四　非情なる切り捨て

　一方、ホルストの「新会社」も着実に進んでいた。

　ウエスト・ナリー社の日本支社、ウエスト・ナリー・ジャパン社の社長だったジャック坂崎は、あの日——一九八二年三月二九日のことを、今でもはっきりと覚えている。

　ウエスト・ナリー・ジャパン社は、神谷町駅近くのビルの中にあった。坂崎が仕事をしていると、英文のテレックスが入ってきた。そこにはこう書かれていた。

〈本日をもって、ウエスト・ナリー・グループがセールス及び管理しているワールドカップを始めとするＦＩＦＡとＵＥＦＡが主催する大会の権利は、すべてキャンセルする。今後はウエスト・ナリー・ジャパンもこれらのプロジェクトとは無関係とする〉

坂崎は一読して意味が分からなかったという。

「何、これ？　という感じ。権利がなくなったって、どういう意味だろうと。その時、パトリック（・ナリー）は日本企業への営業のためにたまたま日本にいた。テレックスを彼に見せると、一瞬何が起きたのか分からないような顔になった。その後、真っ青になった」

坂崎が問いただすと、自分も理解できないと、ナリーはしどろもどろになった。

「パトリックの会社が契約違反をしたから、ジョイントベンチャーは白紙にするとも書かれていた」

このとき、坂崎はＳＭＰＩ社の存在を初めて知ったという。ＳＭＰＩ社は消滅。つまり、ナリーは、ワールドカップに関する権利を全て失うことになったのだ――。

約三カ月後に開幕するワールドカップ・スペイン大会のスポンサーセールス等のマーケティングは終了していた。

それだけではない。多くのスポンサーとは次の大会の約束もとりつけていた。ダスラーは全てが終わるのを待って、契約解除を通告してきたのだ。

ナリーからは、ダスラーがＦＩＦＡ、大陸のサッカー連盟、各国協会を押さえていると聞かされていた。ダスラーが根回しをして、自分がマーケティング案を構築しているのだと。

ナリーがダスラーを使っているという口ぶりだったが、実際は反対だったのだ。

「ＳＭＰＩという会社だけでなく、ぼくはパトリックからダスラーとの契約内容について一切聞かされていなかった。ぼくも聞いておけばよかったと反省しているんだよね。ダスラーはパトリックの弱みを掴んでいたんだと思う。パトリックは弁護士を使って対応したのだろうけれど、どうしようもなかった」

ナリーにとって寝耳に水だったのは、ダスラーの持つＳＭＰＩ社の株を買い取るという話が進んでいたからだ。


〈またしても資金に困ったホルストは、自分の持つＳＭＰＩの過半数の株式をできるだけ早く買い取ってほしいと、パートナーに泣きついたのだ。何度か交渉を重ねた末、ナリーが約三六〇〇万スイスフランでホルストの株を買い取ることで、基本的な合意が成立した。一九八二年一月にパリ空港で署名したこの同意書は〈オルリー契約〉として知られるようになった。（中略）そして二月末には、リヒテンシュタインの会社を通して支払いをするということまで合意していた。それなのに突然、ホルストはナリーを切り捨てたのだ〉（『アディダスVSプーマ』より）

ナリーに株式譲渡を持ちかけたのは、本当に資金に困っていたのか、あるいは電通との企みを隠すためだったのか、はっきりしない。とにかく、ナリーはダスラーへの支払いのために日本企業との契約を急いでいたのだ。

この後、坂崎は気持ちを切り替えて、すでに手をつけていた第一回世界陸上のセールスプロモーションに力を注ぐことにした。しかし、この時点で坂崎は、ダスラーの底知れぬ欲深さを完全には理解していなかった。

世界陸上——正式名称・世界陸上競技選手権大会は、ソビエトのアフガン侵攻の産物だった。八〇年のモスクワオリンピックをアメリカを始めとした西側諸国がボイコットしたことをきっかけに新設。第一回大会は、四一種目、一五三カ国、一三五五人の競技者を集めて、フィンランドのヘルシンキで行われた。

「世界陸上は誰も手を出さなかった。初めてで、売るのが大変だった。アメリカやヨーロッパの企業に行ってもほとんど売れなかった。陸上は日本人選手が弱いので、日本企業には売りにくい。ただ、日本はマラソンだけは強かった。それまでマラソンというのは男女一緒に走ることになっていた。それを初日と最終日の二つに分けることにした。そうすれば価値が倍になる。そして、マラソンのゼッケンのスポンサーになれば、誰が勝とうが二時間以上、その企業名がテレビに映る。それだけでゼッケン代はペイしますというのがぼくのセールストークだった。それが効いて、ＴＤＫが買ってくれた」

しかし――。

ローマで行われた世界陸上第二回大会からウエスト・ナリー社は外される。国際陸上連盟会長のプリモ・ネビオロは、ダスラーの〝親しい〟友人だった。ダスラーと電通が奪ったのだ。

「我々が売り切れなくて損をしていたらダスラーは世界陸上の権利など絶対に獲らないよ」

当時の悔しさがぶりかえしてきたのか、坂崎は顔をしかめた。

五　出資比率

一九八二年六月一三日、ワールドカップ・スペイン大会が開幕した。

この大会期間中、ダスラーは電通との合弁会社設立パーティをマドリッドのホテルで開いている。ジョアン・アベランジェはもちろん、アメリカのヘンリー・キッシンジャーなども顔を出している。キッシンジャーはニクソン政権、そしてフォード政権の国家安全保障問題担当大統領補佐官、国務長官を務めた大物政治家である。キッシンジャーはアメリカサッカー協会の名誉会長も務めており、アメリカでのワールドカップ開催を強く望んでいた。

高橋はパーティの主役の一人だった。

電通からは副社長をはじめ、多くの人間がマドリッドに来ていた。彼らをＦＩＦＡの関係者などに紹介しなければならなかったのだ。

チャリティマッチの準備の過程で、高橋はキッシンジャーとも顔見知りになっていた。高橋の上司たちは、「お前はキッシンジャーを知っているのか」と驚いたという。パーティの他、高橋にはスペインで重要な仕事があった。このワールドカップ期間中に、チャリティマッチの参加選手を集めなければならなかったのだ。

高橋は欧州出身の選手と、それ以外の国の選手たちの対戦を考えていた。二チームにそれぞれの担当者を立てて、候補選手をしらみつぶしに当たっていった。

「大会期間中だからね、試合が終わった後の宿舎に行って、直接選手と話をするしかない。毎日会議をして、今日は誰と会ったという話をした。オッケーかオッケーではないか。エアチケットはどこに送ればいいのか。小遣いとして一〇〇ドルとか二〇〇ドルは渡したかもしれないけど、みんなノーギャラ。それで誰も文句は言わなかった」

高橋も、西ドイツのフランツ・ベッケンバウワーとブラジルのペレという双方のチームの名誉主将には直接交渉している。ペレとは、ペレ・サヨナラ・ゲーム・イン・ジャパン以降、交友が続いていた。

そして、もう一人、高橋が話をした選手が、アルゼンチン代表のディエゴ・アルマンド・マラドーナだ。彼とは七九年のワールドユース以降の付き合いである。

「マラドーナと当時のマネージャーの話は金と女のことばっかりだった。女いないかって。そんな手配はこちらではできないからね。ただ、ワールドユースの直後にマラドーナにコマーシャルをつけてあげたことはあった」

また、マラドーナが所属していたアルゼンチンのクラブ、ボカ・ジュニアを日本へ呼べないかと頼まれて交渉したこともある。

「ボカ・ジュニアと契約をしたんだ。契約書通りに最初の手付金を払ったのだけれど、いつ来るのかと連絡しても何の音沙汰もない。来ないいんじゃないかと思って、アルゼンチンに行ってみた。するとマラドーナ自身は、俺は行きたいのだけれど、チームと話してくれという。するとチーム側は、契約書もあるし手付金を払ったと言っても、そんなものは何の意味もない。ここではアミーゴでないと意味がないんだって言うんだ。日本に来るはずの時期、ボカはオーストリアで親善試合をする予定になっていた」

ダブルブッキングである。

高橋は簡単に引き下がる男ではない。

「じゃあ、どうしたんだこの契約は、って。お金返せよって。そうしたら、次の機会にしようと言い出した。それはいつなんだって、ウィーンまで追いかけて行ったんだ。その試合でマラドーナがハットトリックをした。それは本当に名人技だった。びっくりしたね」

サッカー、特にラテンアメリカでは〝人間関係〟が最優先される。オーストリアまで来た高橋は、ボカの人間から認められ、八二年一月に来日することになった。ちなみにマラドーナ以外は主力選手のいない選手構成のボカは日本代表と三試合戦い、二勝一分という成績だった。

チャリティマッチに話を戻そう。

マラドーナ自身は、高橋に対してチャリティマッチ出場を快諾したものの、周囲の問題で欠場することになった。

それでも豪華なメンバーが揃った。

欧州チームには、ワールドカップに優勝したイタリア代表のディノ・ゾフ、マルコ・タルデッリ、パオロ・ロッシ、イングランド代表のケビン・キーガン、そしてフランス代表のミッシェル・プラティニ――。

欧州以外出身の「レスト・オブ・ワールド」にはブラジル代表の監督のテレ・サンターナ、ジーコ、ソクラテス、ファルカン、ジュニオール。出場機会はなかったものの、日本の奥寺康彦が背番号一二をつけてベンチに座っている。

こうした豪華なメンバーが揃ったこともあり、チケットはすべて売り切れ。高橋は「ニューヨークタイムズ」にわざわざ「ソールドアウト」という広告を出した。サッカー不毛の地と呼ばれたアメリカで、大成功を収めたのだ。

そして同じ月、ダスラーと電通の合弁会社が正式に発足した。

『電通一〇〇年史』を再び引用する。

〈一九八二年（昭和57）八月、電通はフルクターナスと合弁で、スイス・ルツェルンにスポーツ・マーケティングの専門会社ＩＳＬ（International Sports, Culture and Leisure Marketing AG）を設立、資本金は一〇〇万スイスフラン、出資比率は電通四九％、フルクターナス（後のスポリス）五一％とした。フルクターナスは世界的なスポーツ用品メーカー「アディダス」のオーナー、ホルスト・ダスラー会長の持ち株会社で、ロサンゼルス・オリンピックに際して電通がＬＡＯＯＣ（筆者注・ロサンゼルス五輪組織委員会）のユベロス委員長の紹介を受けたことが発端となり、両社でＩＳＬを設立することになったものである〉

しかし、この表記は正確ではない。

高橋によると、出資比率は設立当時は、五〇パーセント対五〇パーセントだったという。この数字の違いこそ、高橋が設立のきっかけになったにもかかわらず、ＩＳＬ社の準備から外された一つの〝象徴〟だった。そして、これが後に大きな問題となる――。

第四章

兄弟

一　パズルのピース

ＦＩＦＡ及び、国際的なスポーツビジネスの取材が日本人にとって厄介なのは、その舞台が欧州を中心として、世界に散らばっていることだ。ＩＴの進歩で世界は小さくなり、資料は集めやすくなった。しかし、どんなに新聞、雑誌を読み込んでも、直接会って話を聞くのとは違う。その場所に立ち、その人間がどこまで信用できるのか見極めて、辻褄の合わない部分があれば確認することが大切なのだ。

ＩＳＬ社設立時の社長、クラウス・ヘンペルとは、二〇〇六年一月末にスイス・ルツェルンで会っている。

ＩＳＬ社の本社が置かれたルツェルンは、スイス中央に位置し、ルツェルン湖、ピアトゥス山、リギ山に囲まれた観光都市でもある。街中をロイス川が流れ、スイスらしい清潔で静かな街だった。

ヘンペルは背が高く、穏やかな印象の男だった。

電通の高橋治之には何度も話を聞いているのだと切り出すと、「オー、タカハシ」と大げさに驚いた顔をした。そして、ボクシングのファイティングポーズをとり、拳を素早く突き出した。

「高橋はタフなネゴシエーターだった。彼とは何度もやりあったものだよ」

いたずらっぽく笑った。

ヘンペルは、一九四七年にドイツのデュッセルドルフに近いノイスという街で生まれた。大学卒業後は、家庭用品メーカーの「ユニリーバ」に入り、洗剤などのマーケティングを担当していた。

彼の人生が大きく変わったのは、一九七七年のことだ。西ドイツのハンブルグで行われたマーケティングのセミナーに参加した際、ホルスト・ダスラーと知り合った。初対面のダスラーは控えめな印象だったという。

「その後、アディダス・フランスを見に行くことになった。アディダス・フランスはセールス担当はたくさんいたが、本当の意味でのプロがいなかった。これから世界に販路を拡大するには、マーケティングに投資すべきだとぼくが感想を口にすると、入社するよう誘われた。ぼくにとっては夢のような仕事だった。スポーツが大好きだったからね」

しかし、新しいマーケティングをやろうと意気込んでいたヘンペルと、旧態依然たるアディダス・フランスの人間とは合わなかった。

「一カ月でとてもやっていられないと思って、ダスラーのところに行った。すると彼の個人的なアシスタントになったんだ。一九七九年のことだった」

このときダスラーは、ウエスト・ナリー社社長のパトリック・ナリーとワールドカップのマーケティングに乗り出していた。しかし、ダスラーはナリーに対して不信感を持っていたという。

「ホルスト・ダスラーは、スポーツの世界をどう動かせばいいか熟知していた。一方、ナリーはマーケティングのプロ。素晴らしい組み合わせのはずだった。しかし、しばらくするうちに、ダスラーはナリーの金遣いを疑うようになっていった。経理上合わないことが多発していた。ドイツ人のダスラーは、そうしたことが我慢できなかった」

すでに資金面では電通を見つけていた。マーケティングの知識があり、若くて自分に忠実。ヘンペルは、ダスラーが組み立てていたパズルの足りないピースだった。才気煥発とはいえ、いささか金にだらしないナリーは必要なくなったのだ。

八二年三月、ダスラーがナリーとの関係を解消すると通告した直後の会議には、ヘンペルも参加している。

「それぞれの弁護士を連れてきて、会議が始まった。そのうちに、ダスラーとナリーの二人が席を外して出ていった。帰ってくるとダスラーはこう言ったんだ。〝これでおしまいだ〟と」

ダスラーは、ナリーの不正の証拠を掴んでいた節がある。二人きりでそれを突きつけたのだろう。

「その後が大変だった。ワールドカップが迫っているから、スポンサー関係からどうするんだという突き上げもあった。そこで急遽、バルセロナとマドリッドに仮事務所を作って、人間を集めた。とにかく忙しくてその頃は一日四八時間欲しいと思ったほどだったよ」

その後、ワールドカップ期間中にマドリッドのホテルで行われたＩＳＬ設立準備パーティにもヘンペルは参加している。

「パーティの一カ月ぐらい前からダスラーに、スポーツマネージメント会社のコンセプトを作ってほしいと頼まれていた。マドリッドでその書類を彼に渡したはずだ。電通側の担当は服部（庸二）。梅垣（哲郎・元電通副社長）にもダスラーを紹介しますと手紙をつけて招待状を出した。ワールドカップが終わった後、ＩＳＬが立ち上がり、ダスラーから社長をやれと命じられた」

ヘンペルの話を聞くうちに、奇妙なことに気がついた。高橋の名前が出てこないのだ。

「七九年の年末から八〇年初頭に掛けて、電通の高橋はダスラーから呼び出されて、ダスラーハウスで会っています。そこでの交渉がＩＳＬのはじまりになったのでは？」

ぼくはヘンペルの話の腰を折って尋ねてみた。

高橋はダスラーハウスでサウナに入ったとき、「ヘンペルがタオルをどうぞと持ってきてくれたんだ」と面白そうに話したことがある。当時、高橋の目にヘンペルは「ダスラーの鞄持ち」と映っていたという。ヘンペルが七九年にダスラーのアシスタントになったとすれば、ダスラーハウスにいたはずだろう。

ヘンペルは少し考えてから、「高橋がこのプロジェクトに関わったのはずっと後だ」と首を振った。

「ＩＳＬが立ち上がった頃、高橋は電通に入社さえしていなかったはずだ。服部は早くに亡くなっているよね。その後、高橋から接触があってやりあったんだ」

「いや、彼はもっと前から電通にいますよ。あなたと高橋がやりあったというのはいつ頃ですか？」

「覚えていない。何かスポンサー関連のことだったと思う。それ以降、ほとんど付き合いはない。こちらから接触することもないよ」

ヘンペルの取材は、おおむねぼくが調べてきた内容と合致していた。しかし、高橋に関する部分のみ、本当に忘れていたのか、あるいは忘れようとしたのか、それとも嘘をついているのか、すっぽりと抜け落ちていた。

二 「高橋を外してくれ」

いつ頃からＩＳＬ社から遠ざけられたのかと、高橋には何度も尋ねている。しかし、はっきりとした時期は覚えていないという返事だった。

ただし――。

「マドリッドでのパーティはぼくがいないと成り立たなかった。その後ぐらいから、色々と仕事が発生してくるでしょ？　次の大会の契約をどうするとか。そこでぼくはブラッターと連絡を取り合う。すると、ＩＳＬはやりにくくてしょうがない」

ある日、高橋は副社長の梅垣から呼び出されたという。

「高橋を外してくれとダスラーから言われたと。ぼくは昔から〝タコ〟という渾名で呼ばれていた。梅垣さんはダスラーに、高橋はタコだ、オクトパス（蛸）じゃないカイト（凧）の方だ。糸が切れるとどこに飛んでいくのか分からないんだとかばってくれた。しかし、ダスラーは頼むから高橋を外してくれと言ったそうだ。梅垣さんはＩＳＬの成り立ちを知っている。いわばぼくは立ち上げの功労者。しかし、全ての権利を握っているのはダスラー。結局、ぼくは外されることになった」

こちらもあいつがそう言うんだったら、もうやりたくないと思ったよと高橋はむっとした顔になった。

梅垣はそんな高橋を気の毒に思い、部長に昇格させたという。

一九八五年六月に、高橋は東京本社スポーツ文化事業局文化事業二部長に就任。スポーツではなく、文化事業を担当することになった。

この時期から逆算すれば、高橋がＩＳＬから遠ざけられたのは八四年から八五年にかけてのことだろう。八五年四月、東京本社にＩＳＬ室が新設されているが、高橋はこれには関わっていない。

ダスラーは自分が邪魔だと思った人間を、徹底して排除する男だ。

八三年八月にヘルシンキで第一回世界陸上が開催中のことだ。ヨーロッパサッカー連盟

（ＵＥＦＡ）会長のアルテミオ・フランキの乗っていた車が、イタリア、シエナ近郊で大型トラックと正面衝突。フランキは死亡した。

当時ヘルシンキにいたジャック坂崎によると、現地ではみながこう囁いていたという。

――フランキはダスラーに消された。

坂崎は、ダスラーハウスでフランキとダスラーに会ったときのことを思いだした。フランキとナリーは親しかったが、ダスラーとは距離があった。フランキはＦＩＦＡの財務担当で、一目置かれる存在だった。しばしばフランキとダスラーはやり合っていた。ＦＩＦＡ、そしてＵＥＦＡのマーケティングをダスラーに任せることに積極的ではなかったのだ。

ダスラーが手を下したかどうかはともかく、目的のためには手段を選ばない男だと周囲から恐れられていたことは間違いない。

ダスラーは目障りな高橋を追い出した後、ＩＳＬ社の完全支配に乗り出した。電通所有のＩＳＬ株を一パーセント買い増したのだ。その結果、ダスラー側が五一パーセント、電通が四九パーセントという比率になった。

高橋がこのことを知らされたのは、変更後のことだった。

「（ダスラーは）欧州側の自分たちが過半数を持っていなければＦＩＦＡなどの交渉のときに

やりにくいと服部さんを説得したんだ。日本人って外国人に弱いでしょ。電通側にも、ダスラーさん、ヘンペルさんって、胡麻をする奴がいたんだよ。彼らは電通の社員なのに、ダスラー側に立った。服部さんも人がいいから、彼らに唆《そそのか》されて売ってしまった」

高橋は悔しそうな顔をした。

「ダスラーハウスでの最初の交渉のとき、ぼくは五〇対五〇、対等な関係でやるべきだ。それじゃなきゃやらないって言った。ぼくはダスラーに食わしてもらっているわけではないから、怖くもない。生意気に思ったことを言っていた。こっちが生意気だとすれば、向こうは陰湿だった。ダスラー側が過半数を持たないとＦＩＦＡと交渉できないなんてありえない。ぼくだったらブラッターに電話して確認をとる。だから、ダスラーはぼくが邪魔だった」

そして、語気を強めてこう付け加えた。

「過半数を取るか取らないかというのはものすごく重要なんだ。電通の人間は経営というものが分かっていなかった」

電通の一社員であった彼がどうしてこういう発言をするのか。高橋という男の背景をもう少し説明しなければならないだろう。

三　電通常務取締役

　ぼくが高橋に初めて話を聞いたのは、二〇〇五年一〇月のことだった。

　このとき、二〇〇二年のワールドカップ招致を軸としてＦＩＦＡを描く単行本の取材を進めていた。この本は翌年、『Ｗ杯ビジネス30年戦争』（新潮社）としてまとまった（再構成、加筆し、『Ｗ杯に群がる男たち』〈新潮文庫〉）。

　企画が動き出したときから、ぼくは高橋に話を聞かなければならないと思っていた。当時、彼は電通の常務取締役という要職にあった。そこで電通に取材申請を送ったが、返事はなかった。その後、出版社の上層部を通じて掛け合ったところ、まずは担当編集者と話がしたいという連絡があった。その後、質問事項を求められ、高橋との面会日時が決められた。ただ、こう釘を刺された。

――今回は、取材ではない。彼が貴方と会って、取材を受けるかどうかを決める場である。

　高橋との〝面会〟の場所は、汐留にある電通の高層階、太陽が燦々と差し込む応接室だった。広報担当の人間が心配そうな目つきでソファの端に坐っていたことを覚えている。

　高橋は国際サッカーの舞台でダスラーたちとやり合ってきたことが頷ける、凄みのある男だった。ぼくがアベランジェやブラッターに会ったことがあること、二〇〇二年のワールドカップ招致活動を取材したときの話をすると、「それで何を聞きたいんだ」と鷹揚《おうよう》に足を組んだ。

「録音していいですか？」

ぼくが急いでＩＣレコーダーを取り出すと、「ああ、いいよ、もちろん」と低い声で言った。高橋が了承すれば広報担当者は遮《さえぎ》れるはずもなかった。

電通側が、この取材に神経質になっていた理由は二つ考えられた。電通は二〇〇一年に上場している。高橋はＦＩＦＡ、そしてＩＳＬ社に深く関わってきた。ただ、その詳細について、ほとんどの電通の社員は知らない。いや、国際スポーツの世界については、たとえ話を聞いたとしても、門外漢には理解できないだろう。ただ、何か暗い部分があるだろうと想像し、コンプライアンス（法令遵守）に触れることを高橋が口にするのではと恐れていたのだ。

そして、もう一つは彼の弟のことだ。

高橋は東京生まれではあるが、一歳のとき、父親の出身地である長崎県の平戸《ひらど》島に疎開している。そこで弟の治則《はるのり》が生まれた。一九四五年一〇月のことだ。もっとも幼かった高橋は疎開したときのことは何も覚えていないという。

治則を追いかけた『真説　バブル』（日経ビジネス編、日経BP社、二〇〇〇年）には、高橋家の先祖は一六四〇年ごろに平戸松浦藩の家臣となったと書いてある。高橋が調べた家系図によると、祖父の高橋猪之助は藩主に茶道を教える鎮信《ちんしん》流家元だった。祖母の信は、松浦家三四世・純格の三女に当たる。そのため、平戸松浦家と縁戚であることを大切にするようにと父の義治《よしはる》から教えられたという。

義治は貿易で身を立てた。

「うちの父親は法政（大学）を出ている。全然勉強しなかったから法政だってよく言っていた。当時はどこでも入れたらしいね。貿易を勉強すれば潰しが利くだろう、儲かるだろうと大学卒業後、商社に入った。三菱とかじゃなくて中小企業。そこで頑張って、自分で会社作って、終戦後には相当儲けたらしい」

戦後、高橋家は東京に戻り、目黒区洗足《せんぞく》駅近くに住んだ。そして高橋の子どもの頃、父親は空気銃メーカーを始めた。

「子どもの頃、それこそ家には売るほど空気銃があった。ぼくたちにとってオモチャだった。兄弟でバンバン、鳥とか撃っていた。だけどね、鳥が死ぬ姿を見てかわいそうになってやめた」

やがて空気銃に対する規制が厳しくなり、売り上げが落ちた。

「旺文社の赤尾《あかお》（好夫《よしお》）さんっているでしょ？　赤尾さんは鉄砲が大好きでうちの親父と親しかった。赤尾さんがテレビ局を作るというので、手伝えと。うちのお袋の親戚に大橋武夫がいたりと政治家に顔が利いた」

大橋武夫は一九〇四年生まれの自由民主党所属の国会議員である。労働大臣、運輸大臣を歴任した。大橋は高橋の母、北田朝子の従兄弟に当たる。大橋の妻、富士は総理大臣の「ライオン宰相」として知られる浜口雄幸《おさち》の娘だった。

一九五七年、東映、日本経済新聞社、旺文社などが株主となり、株式会社日本教育テレビ（NET）が設立されている。現在のテレビ朝日である。テレビ局開設には政府の認可が必要である。義治は赤尾の意を受けて、そうした下準備に奔走したようだ。

「NETが出来たとき、それなりの地位で入った。ぶつぶつ言いながらサラリーマンをやっていた」

父・義治は車が好きで、家には何台もの車が駐められていたという。

「うちの親父は金遣いが荒くてね。当時は車一台で一〇〇坪ぐらいの土地が買えちゃうぐらいだった。最初は一台だったのだけれど、どんどん増えていった。オペル、ヒルマン、オースチン」

四　イ・アイ・イ

高橋は、慶應幼稚舎に入り、慶應中等部、慶應高校へと進学した。

「一六歳で免許を取ると、オースチンを運転するようになった。半分ぐらい車で学校に通っていた。日吉の裏に停めるところがあったんだ」

弟の治則とは仲の良い兄弟だった。治則がボクシングジムに通い出すと、高橋も続いた。

「年子だから、いつも一緒に遊んでいた。喧嘩もよくした。二人でしょっちゅう喧嘩してるから、外に行っても強いんだ」

高橋は慶應義塾大学に入ると、アイスホッケーの同好会「慶應レンジャーズ」を立ち上げ、一年後に入学した治則も続いた。

卒業が近づき、就職を考え始めた頃、父の義治からこう助言されたという。

「まずは大会社に入ったほうがいい。そうしないと組織というものが分からない。一〇年ぐらいそこで勉強しなさい」

二人はその教えを守って、高橋は電通に、治則は日本航空に入っている。電通入社後、大阪に配属された高橋と同様、治則も日本航空でくすぶっていたようだ。

〈72年、高橋（筆者注・治則）はニューヨークのジョン・F・ケネディ国際空港での研修から戻ると、大阪空港勤務を命じられた。東京本社に配属されるものとたかをくくっていた高橋は、（中略）72年8月に河西（筆者注・宏和、慶應義塾大学で治則より五つ先輩にあたる）とともに東京・六本木のビルの1室で貿易関係の会社「国洋開発」を設立した。これが、後に海外進出の舞台となる「EIEインターナショナル」の前身である。

高橋はその後、東京勤務に復帰できたが、配属先は顧客サービス業務室となった。これは、利用客からのクレームに対応するための部署だった。

「閑職中の閑職。これで自分の評価も見えたし、嫌気がさしたでしょうね」と、日航時代の同期は振り返る〉（『真説　バブル』）

そして治則は、父の言葉を守り、入社からちょうど一〇年経った一九七七年三月に日本航空を退社した。

これは政治家になるためだったと高橋は言う。

「親戚に政治家がいっぱいいたこともあっただろう。日本航空というのは半官半民だから、政治家が一番偉いという感覚になっちゃうんだよね。それで俺は政治家になると言い出した。政治家になるためには、金がないと駄目。まずはビジネスを始めることにしたんだ」

治則は退社と同時に、磁気テープなど電子部品を輸入販売していた商社「イ・アイ・イ（以下、EIE）」に入っている。

「親父がテレビ朝日で技術、業務関係の局長をやっていた。そこにテープを納めていたのがEIEだった。この会社は景気が悪くて、にっちもさっちも行かなくなって、親父にやってくれないかと頼んできた。そのとき、ぼくも電通にいて相談を受けたことを覚えている。弟が政治家になるためにビジネスをするって言っていたから、二人でやったらって返事した」

そして七七年三月、EIEの社長に父・義治が、副社長に弟・治則が就任した。この年は高橋兄弟にとって転機となった。七月、高橋はペレ・サヨナラ・ゲームを仕切り、スポーツビジネスの世界に踏み出したのだ。そして、この後、ワールドユースを成功に導いた。

一方、治則は円高にも助けられ、EIEの立て直しに成功した。

〈ＥＩＥ幹部層に食い込んでいた高橋義治が、郷（筆者注・百合子、前ＥＩＥ社長）に請われる形で、息子の治則と、その同僚の河西を引き連れて乗り込むことになる。

77年3月のＥＩＥ入社時、治則は31歳、河西は36歳だった。実質的には2人が会社を取り仕切ったが、トップとしては年齢が若いため、還暦を迎えていた義治が社長となり、2人は副社長に収まった。治則が経理・財務を、河西が営業を担当した。

河西が営業に回ったのは、大きな意味があった。危機に陥っているＥＩＥを救うには、甲州財閥の出身である河西の持つ人脈が大いに役に立つという判断があった。祖父・河西豊太郎の代から河西家と関係の深かった山梨中央銀行から、ＥＩＥは7000万円の融資を受けた。さらに、祖父がかつて監査役をしていた富国生命保険にも増資に応じてもらった。この人脈を利用した資金調達によって、ＥＩＥは当面の危機を乗り切った。山梨中央銀行と富国生命が磁気テープなどＥＩＥ商品の大口顧客となったことも、ＥＩＥの業績を押し上げた。

そんな状況をさらに後押しするような神風が吹いた。急激な円高によって、輸入商社のＥＩＥに大きな為替差益が転がり込んできたのだ。77年は1年で22％の円高となり、

78年もその勢いは変わらなかった。高橋たちがＥＩＥを引き受けた77年3月には1ドル＝270円台だった為替相場が、翌年の78年10月には170円台にまで高騰した〉（『真説　バブル』より）

この時期の日本経済は、安定成長期と評される。円高にもかかわらず日本経済は一九七七年から上向き、実質成長率五パーセントの高水準で推移していた。七八年、自家用車保有台数は二〇〇〇万台を突破、七九年にはソニーから「ウォークマン」が発売された。日本全体が底知れぬ消費という欲望の雲の中に入っていった時代である――。

五　治則とバブル

一九八二年一月、治則は協和信用金庫の立て直しを依頼されている。彼はＥＩＥの関係会社、知人を訪ね歩き、短期間で一〇億円を超える預金を集めた。こうした成果を見こまれて、五月には協和信用金庫の非常勤理事となった。その約半年後の一一月、前理事長が背任容疑で逮捕。経営陣はさらに治則に傾倒することになり、八三年五月には協和信金の副理事長となる。

一方、兄の高橋の方はというと――。

八二年八月、ワールドカップ・スペイン大会の直後、ニュージャージ州でユニセフ主催のチャリティマッチを成功させている。同じ月にはＩＳＬ社が立ち上がっている。しかし、ダスラーに睨まれた高橋は次第にＩＳＬ社から遠ざけられていく。

功を奪われた兄とは対照的に、弟の治則の背中を時代が押していく。

八五年五月、協和信用金庫から改名した東京協和信用組合の理事長に就任。八月には、ＥＩＥを店頭公開している。

そして九月二二日――。

ニューヨークのプラザ・ホテルに、アメリカ、日本、英国、フランス、ドイツの大蔵大臣と中央銀行総裁が集まり、アメリカのドル高政策の放棄を確認した。いわゆるプラザ合意である。連休明けの二四日、日本銀行がドル売り介入し、円相場が暴騰。一日で一一円九〇銭も跳ね上がった。そして輸出依存構造だった日本経済は、円高不況に入った。その対策として、日本銀行は八六年から八七年初頭の一年ほどの間に五回ほどの公定歩合引き下げを余儀なくされる。これがバブルを生み出すことになる。後にこの八五年は「バブル元年」とも呼ばれるようになった。

治則はゴルフ場開発から始め、リゾートホテルに手を広げていった。『真説　バブル』から、八六年から数年間にわたる治則の主な活動を書き出してみる。

八六年九月、ハイアット・リージェンシー・サイパンを三二億円で購入。

八七年七月、オーストラリア、リージェント・シドニーを一三〇億円で取得。

同一二月、香港のボンドセンタービルの一棟を三八〇億円で取得、香港エンプレスホテルを三一億円で買収、翌年五三億円で売却。

八八年三月、日新汽船（シーコム）を傘下に。

同四月、イタリア、ザ・リージェントを一〇〇億円で購入。オーストラリア、サンクチュアリー・コーブを五二七億円で購入。オーストラリア、ハイアット・リージェンシー・パースを一二〇億円で買収。香港リージェント・インターナショナル・ホテルズ社の株式を五六億円で取得。

八九年五月、香港ボンドセンターの残りの一棟を三八〇億円で購入。

同八月、ホノルルのゴルフ場開発のため、ロイヤル・オアフ・リゾートを設立。ハイアット・タヒチを一五四億円で取得。リージェント・フィジーを四四億円で取得。リージェント・バンコクの株式の四割を三六億円で取得。

九〇年一月、ベトナムにフローティングホテルをオープン。

同六月、フランス、パリにビル買収のためにオテルリ・ジェンヌ・リーブ設立。ウォルム銀行から三〇〇億円借入——。

凄まじい勢いである。

この中では、ハワイ、オーストラリア、香港という地名が目に付く。治則が目指していたのは、環太平洋のリゾート開発だった。

この他、八九年にはニューヨークのマンハッタンの中心で「リージェント・ニューヨーク」の建設に着手。これは現在、フォーシーズンズホテルとして営業している。

こうした投資を後押ししたのが、日本長期銀行を始めとした日本の銀行だった。日本国内に金がだぶつき、金融機関は融資先を探して回ったのだ。

ジャーナリスト森功の『平成経済事件の怪物たち』（文春新書、二〇一三年）には、この時期、治則が親しい知人にこうこぼしていたと書かれている。

〈「『新規融資の分を振り込んでおきました。自由に使ってください』と長銀の担当者から電話がかかってくるんです。何に使えばいいのか、困ることもよくあるのです」〉

高橋にこの話をぶつけると、その通りだと深く頷いた。

「弟と一緒に食事をしていたとき、頭取がやってきて土下座して金を借りてくれ、借りてくれとうるさかった。長銀の最初の頭取は浜口巌《いわ》根《ね》。巌根は、浜口雄幸の息子。だからぼくたちとは縁戚になる。そういう育ちがはっきりしている人間に貸せば安心だと考えていたんだ」

また、ベトナムのホテルについては、資源開発も関係していたと読み解く人間もいる。

〈ベトナム政府の要請を受けて、オーストラリアのグレート・バリア・リーフで営業していたフローティングホテル（水上に浮かぶ六階建てのホテル）を、サイゴン河を遡《さかのぼ》ってホーチミン市に曳航《えいこう》した。外貨獲得のために観光に力を入れようとしていたベトナム政府は、切り札となる高級ホテルを手に入れたわけだ。

その見返りに高橋は、ホーチミン市沖での油田開発の採掘権と鉱区を手に入れた。高橋のパートナーとなったのはアラビア石油。（中略）

日本長期信用銀行《にほんちようきしんよう》（長銀）も石油資源開発に熱心で、石油公団に一九〇〇億円融資した。イ・アイ・イの高橋とアラ石（筆者注・アラビア石油）の小長が橋渡ししたものだ。ベトナム沖で採掘を進める開発会社に石油公団が出資する原資となった。

八六（昭和六一）年以降、高橋は、自家用ジェット機を使い、グアム、サイパンから、オーストラリア、フィジー、香港、米国、英国などを飛び回り、高級ホテルや超高層ビルを買い漁《あさ》った。

で、環太平洋のリゾート王と呼ばれるようになったのだが、マスコミとのインタビューで高橋は「究極の目標は資源開発だった」と語っている〉（有森隆＋グループK『日本の闇権力　人脈金鉱の構図』、大和書房、二〇〇七年）

六　マイク・タイソン

世界のホテル王に駆け上がり、国策とも結びつく資源開発に手を広げていった弟・治則と比べると、この時期、高橋の動きはかなり控えめだ。

一九八五年六月に文化事業二部長となってから、三年半ほどはスポーツ界と距離を置いている。

高橋は〝文化事業部〟時代もそれなりに楽しかったのだと振り返る。

「その頃、東京ドームが出来て、オープニングの総合プロデュースを任された。最初決まっていたのは、マーチングバンドの世界選手権だけだった。それでは客を呼べないだろうと、ゲストにアルフィーをブッキングした。そのときアルフィーがすごく人気でね。ただ、その日はＮＨＫの収録があった。それでＮＨＫに話をつけに行った。収録を外して欲しい、その代わり、ドームでのライブを放送してもいいですよって」

東京ドームは八八年三月一七日に開業。翌一八日、読売巨人軍対阪神タイガースのオープン戦が行われた。アルフィーは一九、二〇日と公演を行っている。

二一日にはボクシング、ヘビー級のマイク・タイソン対トニー・タッブス戦、二二日、二三日にはミック・ジャガーの公演が行われた。

「マイク・タイソンには交渉をしていたのだけれど、埒《らち》があかないという。ぼくはマイク・タイソンが好きだから、任せておけと。ラスベガスに飛んで交渉、すぐにまとめた。ミック・ジャガーは以前、ローリングストーンズで来たときに麻薬の問題で入れなかった。それで色々と手を回して来日できるようにしたんだ。他にもサントリーホールがこの時期にオープニングしたので、ウィーンフィルを呼んだりと、忙しかったよ」

当時のタイソンは、三三戦三三勝二九ノックアウト勝ち、という凄まじい強さだった。そのタイソンを日本に引っ張り出したのは、高橋らしい力技だ。

しかし――。

七七年のペレ・サヨナラ・ゲームから八〇年頃のＦＩＦＡに乗り込み、ダスラーとやりあった、傍若無人とも言えるかつての姿と比較すると、あまりに淡泊だ。

二人の足取りを年表に書き込みながら、ぼくはある仮説を思い浮かべるようになった。そしてあるとき、こう尋ねた。

「高橋さんは、治則さんの仕事を手伝ったことはあるのですか」

すると、「もちろんだよ」と深く頷いた。

「ファミリービジネスだから、俺も一緒になってやっていた」

「一緒にホテルを見に行ったこともありますか?」

「そういうこともあった。ぼくは海外に行く機会が多かったから、事前に見に行ったり、弟と合流して見に行ったこともある。長銀が湯水のごとく金を出すけれど、弟のところにはそれに対応できる人材がいなかった。だから忙しくて大変だった。誰かが手伝わないと間に合わなかった」

「治則さんはジェット機を保有していたそうですね。高橋さんも乗ったことがありますか?」

「何回か乗った。EIEがおかしくなったとき、あれは贅沢品だとか言われたでしょ? そうじゃないんだ。例えばパプアニューギニアに行くとするでしょ? 成田から直行便がないから、乗り替えなきゃいけない。時間が掛かってしょうがない。自分の飛行機があれば直接行けるでしょ? そのために買ったんだ。銀行の人とか、設計、建築の人とか乗せて行けば話が早い。見栄じゃないんだよ」

「豪華な機体だったんですよね?」

「ボーイングのでっかいのを二〇人乗りにして、ソファを置いていた。だからゆったりしている。そのうち一機では足りなくなって、もう一機買った。ソウルの金浦《キンポ》空港に置いていてね、いついつどこに行くと電話すると、羽田とか成田に迎えに来てくれる」

「電通を辞めて、ＥＩＥに入ることは考えなかったんですか？」

「考えていた。電通なんていつでも辞めてやろうと」

「かつて、高橋さんがこんなことを言っていたという話を聞きました。自分はこのままだと電通の社長になれない。だったら電通を買ってやると……」

ぼくの言葉が終わる前に、高橋は吹き出した。

「そうそう、その気になれば買えた。だって（ＥＩＥグループは）二兆円ぐらい動かしていた。電通の総資産は当時そんなになかったからね」

このとき電通は上場しておらず、共同通信と時事通信が大株主だった。勢いのあった高橋兄弟ならば、何らかの手で株を買うことも可能だったかもしれない。高橋らしい発想である。

しかし――。

九〇年一月、株式相場の急落が始まり、公定歩合の引き上げが加わった。公定歩合の引き上げは、多額の融資を受けているＥＩＥと治則にとって死活問題だった。

この頃、ＥＩＥが手がけていたプロジェクトと建設費をざっと書き出すと――。

リージェント・ニューヨーク約六〇〇億円、前年の八九年に着工したハイアット・グアム約二八〇億円、ハイアット・リージェント・ミラノには約一八〇億円、リージェント・バリには約八〇億円。

この年の三月二七日、大蔵省（当時）は金融機関に対して、不動産向け融資を抑制するように通達を出した。「総量規制」である。金融機関は、勢いよく出していた融資の蛇口を急に閉めたのだ。運用資金を急に絶たれた企業がばたばたと倒れた。バブルはあっと言う間に弾けた。

その当時のことを高橋はよく覚えている。

「今まで貸していた金を突然、来月返してくれと言い出したようなもんだよ。掌《てのひら》返し。それまで借りてくれ、借りてくれというから何百億も投資してきた。その金を突然返せるはずもない」

九〇年の年末、ＥＩＥは融資元だった長銀の管理下に入った。

高橋は今も長銀の処理手法に憤《いきどお》りを感じている。

「弟にはホテルの価値を見抜く目があった。ニューヨークのリージェントもミラノのリージェントも一等地に作っていた最高級ホテルだった。もし、ニューヨークのリージェントを今も持っていたらどれほどの価値となったか。長銀の連中はサラリーマンだから、自分たちの責任から早く逃げるため、資産を吟味せず二束三文で次々と売ってしまった」

国際決済銀行（ＢＩＳ）が定めた、自己資本比率規制の適用が迫っていた。これは業務範囲が世界中に広がる銀行の健全性を監視する目的で定められたもので、九三年三月末以降、八パーセント以上の自己資本比率が必要になっていた。日本の銀行は、バブル崩壊で資産内容が急激に下落。自己資本比率を高めるには、分子の自己資本を増やすか、分母の総資産を圧縮するしかなかったのだ。

そして九三年、長銀は治則と和議を結び、ＥＩＥから手を引いた。

九五年六月、治則は東京地検特捜部に逮捕、起訴された。容疑は、東京協和信組から自らのグループ企業や元労働大臣の山口敏夫たちに不正融資した特別背任だった。これに安全信用組合の乱脈経営を加え、二信組事件と呼ばれた。二信組事件は九七年に起こる金融危機の引き金となった。

後に治則は「長銀を潰した男」と呼ばれるようになる。九九年一〇月の一審で懲役四年六カ月、二〇〇三年六月の二審で懲役三年六カ月の実刑判決を受けた。その後、再起を図っていたが二〇〇五年七月にくも膜下出血で死亡。享年五九だった。

七　手数料五パーセント

高橋が電通の「スポーツ文化事業局スポーツ事業部長」としてスポーツビジネスの世界に戻ってきたのは、一九八九年一月だった。

「結局、ぼくがいないと立ちゆかなくなってしまったんですよ」とは高橋の言葉だ。

すでに八七年四月に、ホルスト・ダスラーが亡くなっており、高橋を外す理由は消えていた。

スポーツ事業部長となった八九年の六月、日本サッカー協会内に「プロリーグ準備検討委員会」が設置されている。そして九一年一一月に川淵三郎をチェアマンとする「社団法人日本プロサッカーリーグ」（Jリーグ）が設立された。このJリーグのマーケティングを担当したのは、博報堂だった。

ペレ・サヨナラ・ゲームからの電通＝高橋とサッカー協会の蜜月関係を考えれば、Jリーグを逃したのはいささか奇異に映る。この時期、高橋はＥＩＥのことで頭がいっぱいだったのか、あるいはJリーグは成功しないと見誤ったのか——。

高橋は「そうじゃない」と大きく首を振った。

「ぼくがスポーツに戻った頃、プロリーグの話が持ち上がっていた。ただ、サッカー協会としては乗り気ではなかった。電通に協力して欲しくないのかと思ったほど。だから川淵さんはますます闘志が湧いたんじゃないかなと思っている。当時、ぼくは電通のスポーツ全体を見なければならなかった。そこで、サッカーを担当していた部下に、〝プロリーグはどうなんだ〟と聞いた。そうしたら、〝どうせ上手くいきません〟という返事で、あんなものに手を出しても……とネガティブなんだ。とはいえ、博報堂が色々と頑張っているのは聞いていたから、〝ちゃんとウォッチしておけよ〟と指示しておいた。ところが彼はそれを守らなかった」

Jリーグを逃したことで、高橋は監督責任を問われたという。

「Jリーグを逃したのは高橋が悪かったという報告を役員にあげた人間がいた。ぼくは面倒くさいから〝そうだ、そうだ、高橋が悪い〟って認めた。それで、Jリーグは博報堂、ナショナルチームとFIFAは電通。それでいいんじゃないですかって言ったら、馬鹿野郎って叱られたよ」

高橋はわざと顔をしかめてみせた。

「博報堂はカップ戦の冠スポンサーにヤマザキナビスコをつけた。ヤマザキナビスコは電通とは付き合いがなかった。博報堂がやっていなければナビスコ杯という名前にはならなかった。その他、彼らは電通では考えもつかないことをやった。川淵さんに色々と言われながら、よくやったと思う。サッカーは電通と博報堂の分業だよ。広い心で見ればいいんだ」

そうおどけると、声を出して笑った。

Jリーグ設立の約五カ月前、九一年六月に二〇〇二年ワールドカップ日本招致委員会が発足している。招致委員会には部下が出向したこともあり、高橋も深く関わっている。

どの国が競争相手になるとしても、投票権のあるFIFA理事には挨拶に行かなければならない。その他、南米、アフリカなど各大陸連盟への顔つなぎも必要になるだろう。招致には数十億円が必要だった。

しかし、Jリーグの利益の一部、そこにサッカー協会が集めた金額を加えても一五億円程度しかなかったという。

そんなとき、自治体から「どうすればワールドカップの試合を開催できるのか」とサッカー協会に問い合わせが来ていることを高橋は耳にした。

「当時は地方自治体に金があった。ワールドカップをやりたいという自治体に手を挙げてもらってお金を集めればいいと思いついた」

一自治体あたり、二億三〇〇〇万円。日本開催になったときには、その自治体の中から試合開催地を選定する。選考から漏れた自治体には返却する。

高橋の思惑通り、札幌市、青森県、宮城県、茨城県、千葉県、埼玉県、横浜市、新潟県、静岡県、愛知県、京都府、大阪市、神戸市、広島市、大分県と、一五の自治体が手を挙げた。

想定外だったのは、東京都が手を挙げなかったことだ。

「サッカー協会が東京都にコンタクトをとった。しかし、放っておいても東京でやることになると鈴木（俊一）都知事は高飛車だった。国内複数の都市で開催するワールドカップで、首都を外すことは考えられないとね。じゃあ、絶対に東京でなんかやらせないという話になった」

招致に成功しようとしまいと、自治体が供出した金から一定の手数料を抜いているので電通は儲かる、という記事もありましたねとぼくが漏らすと、高橋は「とんでもない」と大きく手を振った。

「ぼくがアイディアを出して、電通の人間が手間暇掛けて金を集めた。だから五パーセントぐらいは手数料をくださいという話をしたんだ。サッカー協会は〝払います〟と言ったけど、結局一銭も払わなかった。文書を交わしてなかったんだ。協会側は忘れているのか、あるいは忘れようとしているのか。結果としてあれは無料奉仕になってしまった」
あれには参ったなと苦笑いした。

第五章

日本か、韓国か

一　単独取材

振り返れば、日本が二〇〇二年ワールドカップ招致活動にどっぷりと浸かっていた時期は、ＦＩＦＡ、そしてスポーツビジネスの枠組みが変化しつつあるときだった。

ペイ・パー・ビュー方式のテレビ有料放送がはじまり、放映権料の高騰が始まっていた。放映権料と広告収入の力関係が入れ替わったのだ。そして一九七四年から始まったＦＩＦＡのジョアン・アベランジェ体制が揺らぎつつあった。

そんな最中、ぼくがアベランジェに取材できたのは、事故のようなものだった――。

九五年一月、ぼくはジーコが始めるサッカーセンターの取材のためブラジルを訪れることになった。ジーコは鹿島アントラーズで現役を引退した後、母国のリオ・デ・ジャネイロに戻っていた。彼に話を聞き、小学館の「週刊ポスト」という週刊誌で三〇回の連載とする予定だった。

地球の裏側のブラジルまでは約二四時間。折角遠くまで行くのだから、他の取材も出来ないだろうか。そこで思いついたのがアベランジェだった。

日本の報道陣できちんと彼に話を聞いた人間はいないという。ならば、最初に話を聞いた人間になってやろうと思ったのだ。前年の一二月、ブラジルの有力紙「ジョルナル・ド・ブラジル」の記者を通じて、リオ・デ・ジャネイロにある彼の事務所に、来月会えないかと連絡を入れた。すると取材の時間を取るのは難しい。ファックスでの取材ならば応じるという返事が戻ってきた。

ファックスのやり取りでは、形式ばった回答しか戻ってこないだろう。リオに着いてから再度粘ることにして、まずは当たり障りのない質問事項を送ることにした。答えはすぐに戻ってきたが、予想通りのものだった。

こんな風だ。

——九四年のワールドカップであなたの国の代表キャプテンが優勝トロフィーを掲げました。どんな気持ちでしたか?

「一人のブラジル人として、そしてブラジルスポーツ連盟会長として、ブラジル人選手が五八年、六二年、七〇年の三度のワールドカップを掲げる瞬間は素晴らしいものだった。そしてFIFA会長になってから、七八年、八二年、八六年、九〇年、九四年のワールドカップに関わってきた。大会が終わるたびに、優勝トロフィーを優勝チームのキャプテンに手渡したものだ。今年、私はこの大きな贈り物をブラジル代表のキャプテンに手渡すことが出来た。これは名誉ある、感動的なことだった」

もちろん、ぼくが聞きたかったのは、こんな上滑りな内容ではない。

二〇〇二年ワールドカップ開催地として、最初に手を挙げたのは日本だった。アベランジェが「二〇〇二年はアジアでワールドカップを開く」と、日本を念頭に置いて発言していたことに背中を押されたのだ。

本来、無風で決まるはずだった開催地が混沌として来たのは、九三年一〇月のことだ。九四年のワールドカップ・アメリカ大会の出場権をかけたアジア最終予選で日本代表はイラクに引き分け、本大会出場権を逃した。いわゆる「ドーハの悲劇」である。日本に代わって出場権を得たのが韓国だった。大会終了後の記者会見で、韓国サッカー協会の鄭夢準は、二〇〇二年ワールドカップ開催地への立候補を表明した。

続く九四年五月、アジアサッカー連盟（ＡＦＣ）総会でＦＩＦＡ副会長選挙が行われ、日本から出馬した村田忠男（日本サッカー協会副会長などを歴任）が、韓国の鄭夢準に敗れた。

鄭は、五一年に韓国の財閥の一つ、現代《ヒュンダイ》グループの創設者、鄭《チョン》周永《ジュヨン》の六男として生まれた。ソウル大学経済学部卒業後、マサチューセッツ工科大学のビジネススクールで学んでいる。その後、現代グループの一つ、現代重工業に入社。入社五年で常務、その二年後に社長に就任した。八八年には国会議員にも当選している、韓国の若きリーダーだった。

ワールドカップ開催地はＦＩＦＡ理事会で決められる。この理事会で票を持っているのは、ＦＩＦＡ会長と各大陸連盟選出の副会長と理事のみ。韓国はその中の一票を手に入れたのだ。

それだけではない。ＦＩＦＡの理事会に出席することで、他の理事たちと接触する機会が増えるだろう。日本の旗色は急に悪くなってしまったのだ。

アベランジェは本当に日本開催を支持しているのか。韓国の立候補についてどう考えているのか。話を聞きたいと思っていたのだ。

ぼくはリオでは、海岸沿いの五つ星ホテルに泊まり、ジーコサッカーセンターに通っていた。ある朝、リオの開放的な空気にそぐわない、東洋人のダークスーツを着た一群と出くわした。ふと彼らの抱えている封筒を見てぼくははっとした。「ＨＹＵＮＤＡＩ」と書かれていたのだ。

韓国の招致委員会の人間だった。

二　取材時間は一分間

コーディネーターを務めてくれた日系人のエドワルド西尾は、かつてブラジルの国会議員秘書を務めていたことがあり、〝政治家的〟な一筋縄ではいかない人間との付き合いを心得ていた。彼は丁寧に、そしてしつこくアベランジェの事務所に電話を入れていた。ジーコの取材がほぼ終わり、プールサイドでくつろいでいると西尾が息せき切ってやってきた。

「アベランジェが取材を受ける。すぐに来いって。時間は一分」

ぼくたちはすぐにスーツに着替えて、ホテルを飛び出すことになった。アベランジェは体裁にうるさく、ネクタイを締めていない人間は猿と同じだという考えの持ち主だと聞いていたからだ。

アベランジェの事務所はリオの旧市街にあった。大きく揺れる旧式のエレベータに乗って上に登ると、「ＦＩＦＡ」と書かれた金色の文字が掲げられていた。白い木製の扉の向こうには、大きなテーブルと革製の椅子が並んでいた。待合室のようで、壁には額に入った勲章や賞状、写真などが所狭しと飾られていた。

一〇分ほど待たされた後、アベランジェの部屋に案内された。

「ようこそ」

一八〇センチを超える大きな軀をしたアベランジェがそこに立っていた。

この時、ぼくはまだポルトガル語が話せなかった。質問を通訳する時間を省くため、タクシーの中で西尾に質問を伝えていた。彼に質問してもらい、後から録音を聞いて内容を確認することにしたのだ。

まずはファックスで質問の答えをもらったことの礼から始めることにしていた。するとアベランジェは上機嫌にこう話した。

「二〇〇二年に日本で行われるワールドカップは、三二カ国を集めた、史上最大規模の大会になる可能性がある。大会のために日本は六万人以上収容のスタジアムを七つ用意しなければならない。観客総動員数は四〇〇万人を超えて、アメリカ大会以上となる」

そして、韓国が持ち出していた北朝鮮との合同開催案について訊ねた。二つの国で開催すれば、FIFA会長はノーベル平和賞に値すると、アベランジェの功名心をくすぐっていたのだ。

すると——。

「韓国が北朝鮮との合同開催を提案したとしても、日本の有利は動かない。私はワールドカップは日本で開くべきだと考えている。今、韓国のサッカー協会会長がリオを訪れている。今晩、会長夫妻を夕食に招待することになっている。しかし、それを私が韓国を支持しているととってもらっては困る。あくまでFIFAの長として一国の協会会長をもてなすだけなのだ。韓国にはソウルと釜山という二つの大きな都市しかない。一方、日本には東京、大阪、名古屋、広島などがある。そして自国民だけで六万人から七万人収容のスタジアムを満員にできる。その上、日本は移動手段、FIFA代表団、観客の宿泊施設などのインフラも完備しているのだ」

後で録音を聞いて、アベランジェがはっきりと日本を支持していると語っていることを知り驚いた。

西尾もそう思ったのだろう。「あなたは二〇〇二年ワールドカップの開催地に日本を考えているのですね」と念を押した。

「そうだ。二〇〇二年大会を日本で開くことはとてもいいと思っている。私の友人、長沼（健。当時日本サッカー協会会長）もそのために多大な努力をしている」

取材は正味一〇分程度だった。その後も、アベランジェは壁に掛かった写真や賞状の説明をして回った。

帰国後、すぐのことだ。

二〇〇二年日本招致委員会から編集部に電話が入った。アベランジェから取材を受けたという連絡があった。その内容を教えろという。

ぼくは招致委員会のために取材をしたのではない。見せるのが当然といった横柄な言い方にもむっとしながら、取材内容は雑誌に掲載するまでは教えられないと返した。

どうしてアベランジェは日本の招致委員会に連絡を入れたのだろう。ぼくは机に座りながら、彼の短いインタビュー原稿をぼんやりと眺めていた。その中の韓国サッカー協会会長という文字に目が留まった。そして頭の中に、ホテルで会った「ＨＹＵＮＤＡＩ」のロゴ入りの封筒を持った男たちの姿が浮かんだ。

これだ。ぼくは思わず叫びそうになった。

この夜、アベランジェは鄭と夕食を共にするが、韓国支持ではないということを、遠回しに日本の招致委員会へ伝えようとしたのだ。ずいぶん面倒なことをするものだと、ぼくはアベランジェの長い顔を思い出していた。

三　主導権争い

ワールドカップ開催地選択のためのFIFA理事たちの判断材料は二つあった。一つは両国が提出した開催提案書。もう一つは、FIFA視察団による現地視察、通称「インスペクション」の報告書である。

日本は九五年九月二八日、韓国は二九日にそれぞれ開催提案書をFIFAに提出している。同年一〇月三〇日に、FIFA視察団はチューリヒに集合し、翌日の飛行機でソウル入り。韓国国内の開催候補地を見て回った。その後、一一月四日から八日まで日本を視察している。当初、このインスペクションの報告書は年末までにFIFAへ提出。年明けに公表という予定だった。しかし、九六年一月が過ぎても、報告書は公表されなかった。

ぼくはたまたまこの時期に欧州を訪れている。

ジーコの連載は幸い好評で、続編を始めることになった。今度はジーコと関わりのある人間に話を聞くために、欧州を取材することになったのだ。そして、ついでにFIFAも取材しようと考えていた。日本の週刊誌では、ワールドカップ招致はそれほど重要だと思われていなかったのだ。

まずはチューリヒのＦＩＦＡハウスで、当時ＦＩＦＡ事務総長だったブラッターに話を聞いた。

ブラッターは翌月ＦＩＦＡ視察団の報告書を基にして、日韓両招致委員会と面接を行うと言った。開催提案書、視察団の報告書、そして面接のレポートの三つが、理事に投票の資料として渡されるという。

その後、国境を越えたドイツで、ＦＩＦＡ視察団のひとり、ホルスト・シュミットに会った。シュミットはドイツ・サッカー協会専務理事を務めていた。

シュミットは快く取材に応じてくれたものの、「私からは日本と韓国の差について話すことは許されていない」と口は重かった。

「ＦＩＦＡ視察団は五人のメンバーから構成されている。メンバーがそれぞれの分野についての報告書を作成した。具体的には専門分野ごとに一つ、あるいは二つずつの項目を担当。それを基にメンバーで会議を重ね、最終的に私が三〇ページにわたる最終報告書をまとめて、ＦＩＦＡに提出した」

報告書はすでにＦＩＦＡに提出してあり、来月、会議が行われるという。

チューリヒでは、ブラッターの他にも様々な関係者に会っていた。その中の一人が「視察団が提出した報告書は、五対〇で日本が勝っている。だから公開できないのだ」と教えてくれた。その真偽を訊ねると、シュミットは明らかに困惑した顔になった。

「その質問には答えられない」

ただし、言葉の端々から日本が韓国を上回っていることは分かった。

例えば、こんな風だ。

「韓国は立候補してから非常に短い時間であったけれど、よく準備していた。もちろん（日本とは）差はあるだろうが」

しかし、視察団の報告書は公開されず、ブラッターが語ったように面接が行われることもなかった。

ある男がぼくの二日後にチューリヒを訪れている。韓国の鄭夢準である。リオに引き続き、ぼくはまたもや彼と交差したのだ。鄭もまた「五対〇」という噂を耳にしたことだろう。ぼくと違うのは、ＦＩＦＡ理事である彼は報告書を見ることが出来たということだ。そして、何か工作をした——としか考えられなかった。

日本では「開催提案書に関しては日本が有利である。ただし、韓国が猛烈に巻き返している」という論調が強かった。しかし、欧州では、日韓の優劣というとらえ方自体がなされていないことに気がついた。

それをはっきりと語ったのが、元西ドイツ代表選手だったウリー・ヘーネスだった。ヘーネスはこのとき、バイエルン・ミュンヘンのジェネラルマネージャーを務めていた。

「私個人としては、二〇〇二年ワールドカップは日本でやるべきだと思っている。ただし、サッカー界の優先事項は、アベランジェの再選を阻止することだ。アベランジェがアフリカ人と組んでやってきた〝サッカー政治〟を終わらせなければならない。現在のサッカー界は市場原理が欠けている。誰が一番金を稼いでいるのか。稼いでいる人間が主導権をとるべきである。つまり欧州だ」

つまり、経済効果、インフラ等を客観的に考えれば日本が相応しい。しかし、アベランジェが日本を推している限り、欧州は賛成することはできない。二〇〇二年ワールドカップ招致は、ＦＩＦＡを自分たちの手に取り戻そうとする〝西欧州主義者〟とアベランジェの激しい摩擦の渦に巻きこまれていたのだ。

とはいえ、このときぼくは日本勝利に対して楽観的だった。なぜならば、ワールドカップの運営を実際に仕切っているのはＩＳＬ社である。最終的には、電通がＩＳＬ社を通して〝欧州〟を説得するだろうと想像していたのだ。

四　汚れ仕事

ＩＳＬ社はワールドカップに続き、第二回世界陸上のマーケティング権を獲得。その後、一九八五年六月、東ベルリンで開催された国際オリンピック委員会（ＩＯＣ）総会で、会長のファン・アントニオ・サマランチは「ＩＯＣは新財源確保のためにＩＳＬ社と契約を結んだ」と発表した。

八八年のカルガリー冬季五輪とソウル五輪の二大会をまとめて、「一業種一社」の公式スポンサーを募るというもので、「ＴＯＰ」（ジ・オリンピック・プログラム）と呼ばれるパッケージになった。もちろん、これらはワールドカップに倣《なら》ったものだ。

九二年一月、電通の組織改革により、ＩＳＬ室は海外統括本部の下でＩＳＬ事業局となっている。高橋は、スポーツ文化局次長とこのＩＳＬ事業局次長を兼ねることになった。

電通からＩＳＬ社には社員が出向していたが、ホルスト・ダスラーがやっていたＦＩＦＡや国際陸連（ＩＡＡＦ）、ＩＯＣの人間たちへの根回しには一切関わっていない。根回しとは、平たく言えば賄賂を渡して、自分たちの意に沿うように彼らを動かすことだ。

これには二つ理由がある。

かつて高橋が外されたように、ＩＳＬ社はダスラーの秘密主義を受け継いでおり、誰に何を渡したのか、あるいはどれだけ支払っているのか、共同出資者である電通にさえ教えたくないと考えていた。

そしてもう一つは電通側の事情だ。

ＩＳＬ社の行っている裏工作は、スイスの州法では違法ではないが、日本的にはコンプライアンスに抵触する可能性があった。電通が欲しいのは、ワールドカップやオリンピックなど国際大会の日本企業への窓口となる権利である。それ以上踏み込みたくない。汚れ仕事をやってくれるＩＳＬ社は都合のいい存在だったのだ。

ただ、そのＩＳＬ社がダスラーの死後、変質していく。

まず九〇年に初代社長のクラウス・ヘンペルが退社。

ヘンペルはＩＳＬ社を見切った理由についてこう語っている。

「彼が亡くなった後、ダスラー家はアディダス・フランス社の売却先を探したりと様々な動きをしていた。そのうち、ＩＳＬにも（四女の夫、クリストファー・）マルムスが役員として入ってきた。ダスラーとぼくは精神的にも結ばれていた。彼と二人で、小さな石を積み重ねるように大きな組織に育て上げた。短期間にあれだけ大きな組織となったのは、ぼくたちが汗水を垂らして働いたからだ。そこに姉妹の夫ということで、それまで全くこの世界に縁のなかった人間が乗り込んできた。彼は元々、コンサルティング会社のマッキンゼーで働いていた。スポーツのビジネスというのは顔を合わせて、人間関係を作ることが大切だ。ところが彼は誰とも話をせずに、机に坐ってデータを精査していたいという種類の人間だった。とてもやっていけないと思った」

ヘンペルはＩＳＬ社の同僚、ユルゲン・レンツとともに「ＴＥＡＭ　ＭＡＲＫＥＴＩＮＧ」（以下、ＴＥＡＭ）というスポーツマーケティング会社を立ち上げる。ＴＥＡＭは、欧州サッカー連盟（ＵＥＦＡ）と手を結び、ＵＥＦＡチャンピオンズリーグを作り上げた。ＵＥＦＡ＝ＴＥＡＭは、ＦＩＦＡ＝ＩＳＬの最大の対抗相手となる――。

高橋も、ヘンペルの後を継いで社長となったマルムスとは衝突したという。

「マルムスは、テニス、モータースポーツ、サッカークラブへ投資したいと言い出した。こちらは当然、そんな必要はないと反論した。ワールドカップ、オリンピック、世界陸上、三つの国際的な大会でしっかり利益は出ている。他のものに手を出す必要はない」

ダスラーとヘンペルが作り上げたＩＳＬ社のシステムは実によく出来ていた。ＦＩＦＡ、ＩＯＣ、ＩＡＡＦには前払いで多額の権利料が発生する。一方、スポンサー収入は後払いである。そこで、開催時期の違う三つの大会を組み合わせることによって運営資金を回していたのだ。

ＩＳＬ社の会議はスイス、ルツェルンの本社で行われた。ＩＳＬ社側から五、六人、電通から高橋の他、二、三人が参加。会議が進むうちに、雰囲気が悪くなることも多かったという。

「散々やり合っても最後はどうするとなると、向こうの判断で決めますよとなってしまう。彼はダスラー家側の代表者として、株式五一パーセントを持っている」

マルムスがこの路線を突き進む限り、ＩＳＬ社の将来は明るくないと高橋は考えるようになった。

「このままだと潰れてしまう。ＩＳＬの株を彼らに売ってしまおうと思うようになった。会議の時に色々と文句を言って、こちらが煙たくなるような雰囲気を作った。そして〝ならば電通の株を買って、好きなようにやればいいじゃないか〟と話を振った。すると向こうは一転して愛想良くなって〝売ってくれ、売ってくれ〟と言ってきた」

後から高橋は、マルムスが三大大会以外に手を広げようとした理由を知る。それは、上場のためだった。

「上場には、ワールドカップ、オリンピック、世界陸上の三つじゃ不足。国際的なスポーツビジネス会社として認められるには、他の権利を獲得しなければならないという」

上場すれば、莫大な創業者利益が発生するだろう。ダスラーの姉妹とマルムスの目論みはそこにあったのだ。

「彼はコンサルタント会社出身だから、そういうのが得意だったかもしれない。しかし、彼の考えていることは、所詮机上の空論、絵に描いた餅に過ぎなかった」

高橋は、会計会社にＩＳＬ社の資産価値を試算してもらっている。電通の保有する同社の株は一〇〇〇万スイスフラン（当時のレートで約八億〜九億円）程度だったという。

高橋はこの結果を基に、マルムスと売買交渉を始めた。そして、九五年一一月二九日、株式売買合意書をまとめている。電通の保有株式四九パーセントのうち、三九パーセントを売却。売値は約四〇〇〇万フラン。会計会社が見積もった数字の四倍以上である。

一〇パーセントを残したのは、ＩＳＬの日本での専属代理店契約を保証するためだった。

この話を詳しく聞いている途中、高橋は少し考えた後、「もう時効だからいいかな」とこの売買契約にはある条項があったのだと明かした。

五　八億円

高橋が電通保有のＩＳＬ株売却を持ちかけると、マルムスはすぐに食いついてきた。

「そしてどんどん値段をつり上げていった。電通としてはもの凄い利益が出たんだ。その利益の一部を電通はＩＳＬに払った。八億円ぐらいだったかな」

当時、電通はオランダに子会社を設立し、国際戦略の拠点としていた。ただし、国際戦略は失敗続きで赤字だったという。ＩＳＬの売却益はその穴埋めに使われたようだ。

折角の利益をどうしてＩＳＬ社に戻したのですか、とぼくが訊ねると、高橋は手品の種明かしをするかのような顔をした。

「ロビー活動費という名目。なんのためのロビー活動かというと、二〇〇二年ワールドカップの招致。日本に持ってくるには活動費が必要になる。前から、ＩＳＬ側から招致活動を手伝うのに金が必要だと言われていた」

電通がＩＳＬ株を売却したのは九五年一一月末。同じ一一月四日から八日まで、ＦＩＦＡ視察団がインスペクション（視察）のために日本を訪れている。開催地を決めるＦＩＦＡ理事会は翌九六年五月末に開かれる。残り半年を切って、日韓による招致合戦が大詰めに入っていた頃だ。

「この時ＦＩＦＡのオフィシャルスポンサーに韓国の企業は一社もなかったから、ＩＳＬにとってもワールドカップは日本で開催した方がいい。しかし、韓国の攻勢がものすごかった。それはＩＳＬも掴んでいて、なんとかしなきゃならないという感じになっていた。ところが、招致委員会にもサッカー協会にもロビー活動費などなかった。そこで、その利益の一部をＩＳＬに渡すことにした。それもきちんと売買契約書に入っている」

高橋は当時の電通会長、木暮剛平《こぐれごうへい》と会い、ＩＳＬ株の売却、そしてロビー活動費として売却益の一部を同社に戻すことを報告した。

木暮は高橋の話を聞き終わると、こう言ったという。

「高橋君、そのお金をどう使うか、すべてＩＳＬに任せたほうがいい。日本では問題になるので、一切触らないように」

この八億円の話を聞いた時、ぼくは招致合戦の終盤に耳にした、こんな噂を思い出した。

あるＦＩＦＡの理事が日本に来た時、彼は出迎えに来た自動車をいたく気に入った。日本の関係者はその車を贈ることにした。彼の住んでいる場所までは適当な船便がなく、途中から陸送しなければならず、車両価格より運送費の方が高くなってしまったほどだった。

苦労の末、自動車を送り届けると、その理事は非常に喜んだ。そして、海の見える丘にあるレストランに彼から招待された。理事は港に停泊してあったクルーザーを「あれは私ものだ」と指さした。その豪華なクルーザーをよく見ると、船体にはハングル文字が書かれていた。それは韓国の鄭夢準からの贈り物だった――。


現代グループを率いる鄭は、韓国の招致活動のために六〇億円近い資金を用意したと言われていた。一方、日本の招致委員会の内実は、サッカー協会の他、電通、三菱商事から出向してきた人間である。優秀な人間が集まってはいたが、あくまで会社員であり、鄭のような潤沢な資金力はない。

しかし、日本側が贈賄に手を染めていないはずがない。相手がやっている以上、対抗策をとるのは当然のことだろう。では、誰が金を捻出して、どのように動いたのか――。高橋が差配した八億円で、ＩＳＬが〝ロビー活動〟を行っていたとすれば合点がいく。

開催決定の理事会まで半年を切り、文字通り最終コーナーに差し掛かっていた時期、八億円は理事たちの心を動かすために使われたことだろう。

「ＩＳＬは元々ＵＥＦＡのマーケティングをしていたし、各大陸連盟と関係があった。彼らはどのようにすれば話をつけられるか分かっていた」

しかし、後から問題が一つ起きた。日本の国税局から査察が入ったのだという。

「八億円のロビー活動費という名目で電通がヨーロッパに資産を隠しているんじゃないかと疑われた。冗談じゃないよ。日本に呼ぶため、電通は利益にならないことをやっているのに、重加算税を払えと言うんだ。ちゃんと契約に〝ロビー活動費〟として支払うって書いてある。日本にワールドカップが来れば、あなたたちだって間接的に潤《うるお》うんだと言った。しかし、日本にはロビー活動費という費目がないという。ロビー活動というのは何かという話から説明しなければならなかった。投票権を持っている人間と食事したり、贈り物をあげたり。時にお金をデリバリーしているかもしれない。しかし、電通側としては一切タッチしていない。ＩＳＬに任せていると」

国税局は調査の結果、問題なしと判断して引き上げていったという。

六　ブラッターからの電話

九六年五月三〇日――。

高橋が滞在していたチューリヒのホテルに、ＦＩＦＡの事務局長だったゼップ・ブラッターから電話が入った。

「日本と韓国の共催になったら、日本のサッカー協会は飲んでくれるだろうか？」

二日後の六月一日に、ＦＩＦＡ理事会で二〇〇二年のワールドカップ開催地が決定する。

高橋は早めにチューリヒに入り、ブラッターに「何かあれば連絡をくれ」とホテルの電話番号を渡していた。

あれだけ日本を推《お》していたアベランジェが共催と言い出している。かなり追い込まれているということだ。

「受けるかどうかは分からない。ただ、日本は負けたら大変なことになる。だから、受けざるを得ないだろう」

「そうか」

ブラッターはそれだけ言って、電話を切ったという。

その後、ブラッターはサッカー協会副会長の岡野俊一郎に電話を入れた。そして急遽、ホテルの一室に岡野、会長の長沼健、川淵三郎、招致委員会の人間が集まり協議、共催の受け入れを決めた。

　後から高橋は、日本が一票差で負けるという票読みだったと教えられた。それを知ったアベランジェは、ローザンヌにいるIOC会長のサマランチに会いに行き、どうすべきか訊ねたようだ。

「アベランジェにとって日本が負けるということとイコール、自分の失脚だった。だから、日本と韓国ということよりも、FIFAの分裂を防がなければならないという思いだった。あぁ、アベランジェの力も弱くなったんだなと思った」

　高橋はその後、アラン・ローゼンバーグに連絡を入れている。九四年ワールドカップアメリカ大会の組織委員長だったローゼンバーグは、日韓両国の割り振りを決める共催検討委員会のテクニカル・アドバイザーに就任していたのだ。

「ワールドカップの呼称は、ジャパン・コリアでも、コリア・ジャパンでもどちらでもいい。ただ、決勝は日本でやるように頼んだ。するとローゼンバーグは、それならばオープニングマッチは韓国になると返した。もちろんそれでいい。開会式も韓国。とにかく、決勝だけは日本でやってくれと」

そして、正式名称は「コリア・ジャパン」の順に、開幕戦は韓国で決勝戦は日本――高橋の希望が通った形となった。

七　跳ね上がる放映権

日韓共催決定の二カ月後、もう一つ大きな発表があった。その後のスポーツ界に与えた影響を考えれば、日韓共催よりも重要だったと言えるかもしれない。

日本と韓国で行われる二〇〇二年、その次の二〇〇六年ワールドカップの放映権を、ISL社とドイツのメディア企業キルヒ社が二八億スイスフラン（約二五二〇億円）で取得したのだ。九八年のワールドカップ・フランス大会の放映権料（一億三五〇〇万スイスフラン）と比べると、二〇倍以上になった計算になる。

これまでワールドカップの放映権はオリンピックと比較すると、低く抑えられていた。オリンピックの場合は、アメリカ向けの放映権が飛び抜けて高く、およそ四分の三を占めていた。サッカーは、アメリカではそこまでの人気はなかった。そしてもう一つ。ワールドカップは、オフィシャルスポンサーの看板をテレビに映すため国営放送を中心に放映するという方針があったのだ。

八〇年代後半から一番組ごとに視聴料金を支払うペイ・パー・ビュー方式の有料放送が始まっていた。その番組提供元が、その顧客獲得のために目をつけたのが欧州で最も人気のあるスポーツ、サッカーだった。英国を始めとした欧州で放送収入は高騰していた。

高橋によると、ワールドカップの放映権料が低く抑えられていたのはアベランジェの強い意向でもあったという。

「アベランジェはサッカーを世界中に普及させるにはテレビが必要だ。アフリカなどの貧しい国では一台のテレビにみんなが集まって見ている。大切なのはお金じゃない、見てもらうことだとぼくに言っていた」

アベランジェの言い分にも一理あるが、そろそろ放映権料を上げるべき時期に来ているのではないかと、高橋はブラッターを説得したという。

「これからはブラッターの時代になる。放映権料が増えれば、貧しい国への援助が可能になる。ＩＯＣに準じて放映権料を上げるべきだと。そこで入札制度を取り入れることになった」
当初、ＩＳＬ社は、二〇〇二年と二〇〇六年大会の放映権獲得について消極的だったという。しかし、ＩＭＧ社がドイツのメディア企業・ベルテルスマングループ傘下にあるウーファ社と組み、接触してきたとＦＩＦＡから知らされたという。ＩＭＧ社には放映権を渡したくない。そこでドイツのキルヒ・グループと組んで、放映権ビジネスに乗り出すことにしたのだ。

このとき高橋はＩＳＬ社の副会長も兼任している。放映権料が上がったとはいえ、オリンピックと比べればまだ安い。各国に割り振れば、充分に回収可能だとみていた。そして日本向けの放映権は電通が主導して、「ジャパンコンソーシアム」という形で、ＮＨＫ、民放各局に割り振ることになった。

これに怒ったのがＮＨＫだった。

「それまで六億円で独占していたからね。高橋が入ったことで何十倍にもなったと言われた。逆にそんなに安く放映権を抑えられた時代は終わった。もしぼくがいなくても放映権料は跳ね上がったと説明して回ったよ。結果的に二〇〇二年ワールドカップはＣＳ、ＮＨＫ、そして民放各局がみんな放映したので、どのチャンネルをつけてもワールドカップについてのニユースや特番が流れていた。そうでなければ、あれほど盛り上がらなかった」

ここから、サッカーを巡るマネーの桁が跳ね上がった――。

ＩＳＬ社は放映権ビジネスに進出しただけではない。電通が出資比率を下げた後、社長のマルムスは拡大の道を突き進んだ。

九九年五月、男子プロテニス協会（ＡＴＰ）と一〇年一二億ドルの契約を結んだ。その契約には、全世界を対象としたマーケティング権、放映権、ライセンス事業などが含まれていた。ただし、この中にはウィンブルドンなどの四大大会は入っておらず、かなり割高である。

また同時期、ブラジルの名門クラブ、フラメンゴとも一五年間のマーケティング契約を結んでいる。これは約八億ドルに上ると報じられた。同じブラジルのコリンチャンス、グレミオとも同様の契約を締結。この他、国際水泳連盟（ＦＩＮＡ）、国際バスケット連盟（ＦＩＢＡ）、アメリカのカーレースＣＡＲＴの権利も獲得している。

ＩＴバブルが始まっており、世界的に株式市場が値上がりし、スポンサーを集めやすくなっていた。しかし、あまりにも手を広げすぎだった。様々な連盟、団体への支払いのために、ＩＳＬ社は資金不足に陥ることになった。

二〇〇一年一月、電通はＩＳＬ社に対して六六〇〇万フランの銀行保証をしている。もちろん担当者は高橋である。

「FIFAから頼まれた。そこでぼくを含めて何人かの電通の人間がFIFAまで話を聞きに行った。ISLはもう駄目だ、電通でなんとかしてくれと」

その間、ISL社は手を組む企業を探したが見つからなかった。そして、五月に倒産した。

第六章

全員悪人

一　金はもう欲しくない

二〇〇〇年七月、チューリヒで行われたＦＩＦＡ理事会で、二〇〇六年ワールドカップ開催地の投票が行われた。

最終選考に残ったのは、ドイツ、南アフリカ、イングランド、モロッコの四カ国。一回目の投票でモロッコ、二回目の投票でイングランドが脱落し、最終投票でドイツが開催地となった。

その後、ワールドカップの開催地が〝各大陸連盟持ち回り制〟になることが決定した。これはアフリカ、そして南米の加盟国に対する配慮だった。二〇一〇年大会はアフリカサッカー連盟加盟国、続く二〇一四年大会は、一九七八年のアルゼンチン大会以来となる南米サッカー連盟加盟国で開催されることになった。

この二大会の開催地決定の経緯をよく知るのが小倉純二《おぐらじゅんじ》である。

二〇〇二年、小倉はアジアサッカー連盟（ＡＦＣ）選出のＦＩＦＡ理事となった。ＡＦＣの加盟国は四四の国と地域で、大陸連盟の中で最も範囲が広い。そのうち一三カ国の西アジアにはサウジアラビア、カタールなどの石油産出国があり活動資金が豊富である。経済援助等によって、東南アジアの国々は西アジアになびきがちだった。九四年に村田忠男がＡＦＣ選出のＦＩＦＡ副会長選挙に敗れた後、九七年には川淵三郎、翌九八年には小倉も一度落選していた。

「日本にとっては四度めの正直だった」

と小倉は微笑んだ。

ようやく当選したのは、東アジアサッカー連盟（ＥＡＦＦ）を結成するなど、東アジアの票を固めたからだった。

小倉は一九三八年、東京に生まれている。早稲田大学を卒業後、古河電工に入社した。古河電工の社宅は、横浜の妙蓮寺《みようれんじ》にあった。そこではサッカーの東京オリンピック代表に選ばれている選手も一緒に暮らしていた。試合や練習を見ているうちに、選手の一人である川淵三郎からマネージャーを頼まれた——これがサッカー界入りのきっかけである。

プロ選手、あるいは大学や実業団の花形選手はみな自分に自信があり、どこか傲岸《ごうがん》な面があるものだ。選手としての経歴のない小倉は、穏やかで物腰が柔らかい。英国勤務の経験があり、英語が堪能な彼は、日本サッカー協会で国際的な仕事を任されるようになった。

就任して初めてのＦＩＦＡ理事会は、二〇〇二年日韓ワールドカップの直後、九月のことだった。理事会前、会長のブラッターから渡されたピンバッジをつけてFIFAハウスの前で記念撮影をした。これが新理事の儀式だった。ブラッターはアベランジェの後を継いで、九八年からFIFA会長となっていた。

理事会に出席した小倉は、アベランジェがブラッターを重用した理由を思い知った。

欧州の理事は、みな英語は当然として、母国語以外にドイツ語、フランス語、スペイン語など他国語を話す。ブラッターはスペイン語で論議になっている時はスペイン語で、フランス語の時はフランス語、ドイツ語の時はドイツ語で応対していたのだ。

「ぼくたちアジアのメンバーはスペイン語やフランス語で話している時は英語に通訳されるのを待たないといけない。ところが、プラティニなんかは手を挙げてどんどん話して行くので、ぼくたちは内容が分からなくなってしまう」

議題は予《あらかじ》め決められている。小倉は理事会の前から自分の発言を準備するようになった。

「議論の流れがどうだろうが、手を挙げて話をする。言うことを言っておかないと損をする。それが国際会議なんです」

小倉が初めてワールドカップ開催地選出に関わったのは、二〇一〇年大会である。

この大会にはアフリカサッカー連盟加盟国の南アフリカ、エジプト、リビア、モロッコ、チュニジア、ナイジェリアの六カ国が立候補していた。まずナイジェリアが立候補を取り下げた。次にリビアとの共同開催を予定していたチュニジアが辞退。FIFAは単独開催で立候補する国がない場合に限って共催を検討するとしていたからだ。リビアはイスラエル人の入国を拒否するという国内法があり、FIFAの開催地の要件を満たしていなかった。そして南アフリカ、エジプト、モロッコの三カ国が残った。

「アフリカらしさを求めると、ヨーロッパに近いエジプトとモロッコよりも南アフリカという選択になる」

投票の結果、南アフリカが一四票を集めて、一〇票のモロッコに勝利した。

続く二〇一四年大会の開催地決定では投票さえ行われなかった。南米サッカー連盟加盟国で立候補したのがブラジルだけだったのだ。

小倉によると、みなで食事をしているとき、二〇一四年大会の開催地の話になったという。

「次は南米だよねと話しているうちに、アルゼンチンでは出来ないとグロンドーナが言い出した」

フリオ・グロンドーナはアルゼンチンサッカー協会の会長であり、南米サッカー連盟選出のFIFA副会長でもあった。

「ＦＩＦＡが求める規模のスタジアムを一定数準備できる国は限られてくる。南米だとアルゼンチンかブラジル。アルゼンチンで出来ないとなればブラジルになる」

そして南米サッカー連盟会長のニコラス・レオスは「混乱させてもよくないから、すぐに決めてしまおう」と話をまとめたという。

そのため、ブラジルは二〇〇二年ワールドカップ大会開催地となった日本や韓国と違って、ＦＩＦＡ視察団によるインスペクション（視察）を受けていない。二〇一四年のブラジル大会では、開幕直前までスタジアムが完成しないなどの混乱があったことは記憶に新しい。開催要件を精査していないため、これらは起こりうる事態だったのだ。

そして二〇一八年大会と二〇二二年大会の開催地選出においては、〝大陸連盟持ち回り〟が廃止された。

二〇一五年五月末、ＦＢＩが摘発したＦＩＦＡに関する腐敗の中にはこの両大会の招致を巡る贈収賄が含まれていた。

サッカーの市場は急激に膨らんでいるにもかかわらず、ＦＩＦＡはいい表現をすれば牧歌的な、悪い表現をすればご都合主義とも言える運営を続けていた。

さらに――。

二〇〇一年六月、ＩＳＬ社の倒産の後、ＦＩＦＡは全額出資で設立した「ＦＩＦＡマーケティング」を設立し、業務を引き継いでいる。ブラッターの後を継いで、事務局長となったジェローム・バルケの方針は、ＩＳＬ社のような外部組織に任せるのではなく、内部で全てを仕切ることだった。ＦＩＦＡは前近代的な体質のまま肥大化していったのだ。

その脆《もろ》さに気がついたブラッターは、高橋にこうぼやいていたという。

「動くお金、組織は大きくなった。でもそこにいる人間の意識は変わっていない。コンプライアンス（法令遵守）が大切だと言っても聞いてくれない。そういう金がなければ、サッカーは普及しないと言い返されるんだ」

高橋の頭の中に今も、こびりついて消えない一言がある。

「俺は金はもう欲しくない。ＦＩＦＡの会長として充分な金を貰っている。そしてワールドカップが終わるごとにボーナスも支給されるんだ」

そしてこう付け加えた。

「俺が彼らを選んでいるのではないんだ」

ブラッターの言う通りＦＩＦＡの副会長と理事は、各大陸連盟選出である。会長には任命権はない。そして各大陸連盟にＦＩＦＡが介入すれば激しい反発を食らうだろう。

ＦＩＦＡはいわば、自らの軀を制御できない巨大な象だった。その手足は浮腫《むく》み、腐り始めていた。ふらつきながら歩く巨体が崩れ落ちる日が来るのは当然のことだったろう。

二　司法取引

改めて二〇一五年五月、ＦＢＩに摘発された人間とその役職を書き出してみる。

ジェフリー・ウェブ（ケイマン諸島）北中米カリブ海サッカー連盟会長、ＦＩＦＡ副会長

エウジェニオ・フィゲレド（ウルグアイ）元ウルグアイサッカー協会会長、元南米サッカー連盟副会長

ジャック・ワーナー（トリニダード・トバコ）元ＦＩＦＡ副会長、元北中米カリブ海サッカー連盟会長

エドゥアルド・リー（コスタリカ）北中米カリブ海サッカー連盟役員、コスタリカサッカー協会会長

ジュリオ・ロシャ（ニカラグア）元ニカラグアサッカー協会会長、ＦＩＦＡ役員
ラファエル・エスキベル（ベネズエラ）ベネズエラサッカー協会会長、ＦＩＦＡ役員
コスタス・タッカス（ケイマン諸島）元ケイマン諸島サッカー協会会長
ホセ・マリア・マリン（ブラジル）元ブラジルサッカー協会会長
ニコラス・レオス（パラグアイ）元南米サッカー連盟会長
アレハンドロ・ブルザコ（アルゼンチン）テレビ局「トルネオス・エ・コンペテンシアス」ＣＥＯ
ウーゴ・ヒンギス（アルゼンチン）テレビ局「フルプレイ・インターナショナルＴＶ」社長
マリアーノ・ヒンギス（アルゼンチン）「フルプレイ・インターナショナルＴＶ」副社長
アーロン・デイビッドソン（アメリカ）スポーツマーケティング会社「トラフィック・スポーツ」アメリカ支社長
ジョセ・マルグリエス（ブラジル）スポーツメディア「バレンテ」「ソメルトン」ＣＥＯ

この中に「トラフィック・スポーツ」というマーケティング会社が含まれている。

トラフィック社は従業員三五〇人超、ブラジル国内のリオとサンパウロ、アメリカ合衆国、

ポルトガル、オランダに事務所を置く多国籍スポーツ企業である。

　この企業が広く知られるようになったのは、二〇一一年一一月の元ブラジル代表、ロナウジーニョが母国ブラジルのフラメンゴに移籍した時だった。二〇〇四年、〇五年のＦＩＦＡ世界最優秀選手に選ばれた彼がフラメンゴと結んだ契約は、月一三〇万レアル（約六五〇〇万円）というものだった。フラメンゴからは三〇万レアル、残りは、ロナウジーニョのマーケティング権と引き換えにトラフィック社が支払った。

　トラフィック社は一九八〇年にジョゼ・アビラが設立した。アビラはサンパウロ州内陸部のヒオ・プレットという町で牧場主の息子として生まれている。初めてメディアとの関わりを持ったのは、地元のラジオレポーターとしてだった。六七年にサンパウロへ出て、テレビ、ラジオ局である「バンデイランチス」で働き始めた。七〇年に南米最大のテレビ局「ヘッジ・グローボ」へ移籍、スポーツ番組「グローボ・エスポルチ」の司会者を務めたこともある。

　トラフィック社を立ち上げたアビラが最初に手がけたのは、バス停の広告代理業だった。その後、スタジアムの広告代理業も担当するようになった。「バンデイランチス」と「ヘッジ・グローボ」という二つの放送局と付き合いのあったアビラが、テレビ放映権ビジネスに手を伸ばしたのは自然な流れだったろう。

コパ・アメリカ（南米選手権）、南米クラブ王者を決めるリベルタドーレス杯など一五の大会の放映権を取得、サンパウロ州一部リーグの「デポルティボ・ブラジル」、アメリカの「マイアミＦＣ」、ポルトガル二部リーグの「エストリル・プライヤ」も所有するようになった。

アベランジェと、その義理の息子である元ブラジルサッカー連盟会長のリカルド・テシェイラを調べていると、必ずアビラの名前にぶつかった。二〇一四年ワールドカップ直前の五月、ぼくはサンパウロにあるトラフィック社を訪れて取材を申し込んでいる。対応してくれたのはアビラの息子だった。冷房の効いた部屋で背広を着こなした若きビジネスマンといった風貌の彼は、父親と電話で連絡を取ってくれた。アビラはマイアミに住んでおり、ブラジルには戻ってくる予定はないという。今度、マイアミまで取材に行くと伝言を頼んだのだが、それは叶わなかった。

ＦＢＩもアビラに目をつけていたのだ——。

一連の摘発の前年、二〇一四年一二月、アビラはマネーロンダリングなどの罪を認め、一億五一〇〇万ドルの罰金を払った上で捜査協力するとＦＢＩに司法取引した。以降、彼はＦ

ＢＩの監視下にある。

アメリカの裁判資料によると、九〇年代に南米選手権の放映権料の価値が上がりはじめ、南米サッカー連盟の幹部たちが契約の見返りとして賄賂を求めるようになってきたという。当初、一〇万ドル単位だった賄賂はやがてその一〇倍、一〇〇万ドル単位に膨らんでいった。

トラフィック社は競合相手でもあったアルゼンチン企業と、新会社「ダティイサ」を設立。南米選手権の放映権を獲得している。起訴状によると、ダティイサ社は、連盟幹部らに一億ドルの賄賂を約束していたという。

電通がＩＳＬ社に一任していたことを、トラフィック社は自分たちで手配していた。そして摘発されたというわけだ。

三　全員悪人

二〇一五年一二月にも摘発が続いた。

アルフレド・アウィト（ホンジュラス）ＦＩＦＡ副会長、北中米カリブ海サッカー連盟会長、ホンジュラスサッカー協会会長

アリエル・アルバラド（パナマ）ＦＩＦＡ規律委員会メンバー、元北中米カリブ海サッカー連盟理事、パナマサッカー協会会長

ラファエル・カジェハス（ホンジュラス）ＦＩＦＡテレビジョン&マーケティング委員会委員、元ホンジュラスサッカー協会会長、元ホンジュラス大統領

ブライアン・ヒメネス（グアテマラ）グアテマラサッカー協会会長、ＦＩＦＡフェアプレー&ソーシャルレスポンシビリティー委員会委員

ラファエル・サルゲロ（グアテマラ）元ＦＩＦＡ理事、元グアテマラサッカー協会会長

エクトル・トルヒリョ（グアテマラ）グアテマラサッカー協会事務局長、グアテマラ憲法裁判所判事

レイナルド・バスケス（エルサルバドル）元エルサルバドルサッカー協会会長

ファンアンヘル・ナポウト（パラグアイ）ＦＩＦＡ副会長、理事会メンバー、南米サッカー連盟会長、元パラグアイサッカー協会会長

マヌエル・ブルガ（ペルー）ＦＩＦＡデベロップメント委員会メンバー、元ペルーサッカー

協会会長
カルロス・チャベス（ボリビア）南米サッカー協会財務部長、元ボリビアサッカー協会会長
ルイス・チリボガ（エクアドル）エクアドルサッカー協会会長、南米サッカー連盟理事会メンバー
マルコ・ポロ・デルネロ（ブラジル）ブラジルサッカー連盟会長
エドゥアルド・デルーカ（アルゼンチン）元南米サッカー連盟事務局長
ホセ・ルイス・メイスナー（アルゼンチン）南米サッカー連盟事務局長
ロメール・オスナ（ボリビア）ＦＩＦＡ監査・法令遵守委員会メンバー、元南米サッカー連盟財務部長
リカルド・テシェイラ（ブラジル）元ブラジルサッカー連盟会長、ＦＩＦＡ理事

少し前に公開された映画のキャッチコピーではないが、まさに「全員悪人」である。
中には日本人の名前も出てきている。
〈国際サッカー連盟（ＦＩＦＡ）の幹部らによる汚職事件に絡み、２００２年のサッカ

ーワールドカップ（W杯）日韓大会の招致決定後の00年、日本サッカー協会名誉会長（当時）の故長沼健氏が、謝礼として南米サッカー連盟に150万ドル（約1億8500万円）を送っていたと、スペインのスポーツ紙アス（電子版）が19日付で報じた。

南米連盟で15年間働いた元職員が同紙に匿名で証言したとされる。証言によると、00年に長沼氏から、招致を支持した南米10カ国で分けるためとして同連盟宛てに150万ドルが送金されたという。だが120万ドルは、ニコラス・レオス南米連盟会長（当時）の個人口座に移された。残りの20万ドルは同連盟の事務局長、10万ドルがFIFAとの仲介者に渡ったという。資金のやり取りを裏付ける書類もあり、書類にはレオス氏とその妻の署名があるとしている。

（中略）

日本と南米連盟の友好関係はその後も続き、日本代表は99年にパラグアイで開かれた南米選手権に招待出場した。

小倉純二日本サッカー協会名誉会長は「1996年に招致はすでに決まっていて、大会の準備をしていた。あり得ない。そもそも、そんなお金はない」と否定した。FIFA理事の田嶋幸三日本協会副会長も「初耳。全く知らない。何とも言えない」と話し

た〉（朝日新聞、二〇一五年六月二〇日付）

財閥という後ろ盾のある鄭夢準ならばともかく、長沼が個人で二億円近い金を支払ったとは信じがたい。そもそも金の性質を考えれば、共催が決まった後に支払うだろうか。

長沼以外に金を払った可能性があるとすれば、招致委員会かＩＳＬであるが、招致委員会は共催の責任をとって解散、その後実行委員会となる際には人員を刷新していた。新しい人間たちが尻ぬぐいをすることはないだろう。ＩＳＬが払ったとすれば前述のように株式売買益が生じた直後である。この記事の時期ではない。

ＦＩＦＡ関連の事件に便乗した飛ばし記事と分類していい。

また、今回ＦＢＩの摘発の一つのきっかけとなったアンドリュー・ジェニングスの著書『ＦＩＦＡ　腐敗の全内幕』（木村博江訳、文藝春秋、二〇一五年）には、高橋の名前が出てくる。

これは「ＦＡＣＴＡ」誌に掲載された、スイスのジャーナリスト、ジャン・フランソワ・タンダによる記事が基となっている。

二〇〇八年七月に結審した、ＩＳＬ倒産の責任を問う裁判の中で裏金リストが公開された。

その中の一つのダミー会社を使って高橋がＩＳＬの金を着服していたというのだ。

〈色めきたったのはＩＳＭＭ（筆者注・インターナショナル・スポーツ・メディア&マーケティング。ＩＳＬの親会社として登記）の〝裏金リスト〟。ＦＩＦＡやＩＯＣなどの幹部に密かに配られたとされる裏金の分配先である。起訴状はそのリストを証拠提示している。送金先の名はどれも隠れミノだろう。陰に誰が隠れているのか。

香港登記のギルマーク・ホールディングスには、少なくとも４００万スイスフラン（現在のレートで約4億円）が送られている。筆者がＦＩＦＡやＩＳＬの内部情報提供者、さらに外部関係者に確認したところ、ギルマークの実質的オーナーは「ハルユキ・タカハシ」。電通の専務取締役、高橋治之である。

ギルマークが電通のダミー会社であり、裏金を受領する窓口だったとすれば、代価に電通はどんな便宜を図ったのか。ＩＳＭＭは倒産するわずか数週間前、ＦＩＦＡ向けに６６００万スイスフランの銀行保証を緊急に必要としていた。97年にＦＩＦＡと契約した条件では、格付けＡ以上の銀行の保証がないとＦＩＦＡに契約を破棄される。しかし、（すでに債務超過だった）ＩＳＭＭは手持ち資金が不足、銀行に見放されかけていた。

窮したＩＳＭＭに救いの手を差しのべたのが電通、とりわけ〈国際プロジェクト・メディア局長エグゼクティブ・プロデューサーだった〉高橋である。01年1月17日、第一勧業銀行〈現みずほ銀行〉ロンドン支店がＩＳＭＭに対し６６００万スイスフランの保証を承認した。同日付で電通とＩＳＭＭが署名した覚書がある。

その2日後、当時のＦＩＦＡ事務局長、ミシェル・ゼンルフィネンはクレディ・スイスに宛てた機密の手紙で書いている。「この銀行保証は電通の後押しがなければ成立しなかった。ただ〈見返りに〉ＩＳＭＭが電通に何を約束したかは不明だ」

彼は、ＩＳＭＭが第一勧銀から保証を得る2日前の1月15日に、50万スイスフランをギルマークに送金したことなど知る由もなかった〉〈「ＦＡＣＴＡ」二〇〇八年六月号、注は割愛〉

前述したように、ＩＳＬが倒産の危機に陥った際、電通はＦＩＦＡに頼まれて銀行保証をしている。その金の一部がギルマークという高橋が実質オーナーを務める会社にキックバックされたという。ただし、同記事には、ＩＳＬが高橋にキックバックをする理由は記されていない。

この記事について尋ねると「馬鹿馬鹿しい」と高橋は一笑に付した。

「なんでぼくがISLから金をもらわないといけないんだ。ISLがお金を払うのは、自分たちが権利を獲得するのに必要な人物のみ。ぼくに払うはずもない」

そして高橋は「電通はISLが誰にどれだけお金を払ったのは、全く知らない。聞かされていないのだ」と念を押した。

これはアベランジェ＝ブラッター体制への憎悪から、それを支えた電通に対して火の粉が飛んだという種の記事だろう。

ただ、ここだけは正しいと高橋は記事を指さした。


〈なぜ、巨額の裏金供与を長年続けてきたのか。被告の一人は答えた。

「スポーツ団体の幹部たちが欲しがったからだ。カネを払わなければ仕事は成立しなかった」

裏金を差配したとされるのは、ISMMの総支配人ヴェーバーである。ブラッターFIFA会長や高橋と同じく、彼もホルスト・ダスラーと親しかった。

ダスラー没後、ヴェーバーはダスラーの裏工作を引き継いだのだ。（中略）彼は法廷で尋問されても何一つ答えず、事前に行われた聴取でも、振り込みの詳細は機密事項であって秘密を尊重したいと述べ、巨額の裏金の受取人の名を自分ひとりの胸に秘めたまま、明かそうとしない〉

かつてアベランジェをＦＩＦＡ会長とするためにエリアス・ザクーが鞄に札束を詰めて運んだように、ジャン・マリー・ヴェーバーはダスラーの指示で金を運んだ。その金の額が大きくなり、銀行を使わざるをえなくなり、証拠が残ってしまった。裁判で公開されたのは、そのリストの一部だった。ギルマークは権利を獲得するのに必要な人間に金を渡すために使ったダミー会社だったはずだ。誰に金を渡したのか、職務に忠実なヴェーバーは文字通り墓場まで秘密を持って行くことだろう。

ヴェーバーの他、ＩＳＬの社長だったマルムスら六人が被告となったこの裁判の結末を、同誌はこう書いている。

〈（筆者注・スイスの）ツークの裁判所は、起訴内容を精査せず、支払われたカネは事業運営に関わり、当時は違法ではなかったとの見解を示した。スイスでは公務員の収賄は違法でも、06年7月まで民間人は罪に問われなかったのだ。判事の一人は、ＩＳＭＭの贈賄が常習化していても「州法により道義上の処罰はできない」と述べている〉

ジャン・マリー・ヴェーバーたち三人に罰金刑、ＩＳＬの社長だったマルムスたち三人には無罪が言い渡されている。ヴェーバーの罰金は八万四〇〇〇スイスフラン。元経理担当役員ハンス・ユルグ・シュミットは文書偽造などで罰金三万スイスフラン。

検察側のほぼ完敗といえる結果だった。

四　顔役の睨み

二〇一五年のＦＩＦＡに関する一連の報道後、高橋には国内外から取材依頼が届いた。イングランドの「テレグラフグループ」からは、高橋が会長を務めていた会社とブラッターの関係を知りたいと連絡してきた。テレグラフグループは英国で最大部数を発行する「デイリーテレグラフ」紙等を保有している。

高橋は二〇〇三年、インターナショナルスポーツ・アンド・エンタテインメント（iSe社）という会社を立ち上げている。iSe社の資本金は一五〇〇万スイスフラン（約一四億二五〇〇万円）。電通が四五パーセント、フランスの広告代理店ピュブリシスグループが四五パーセント出資している。当時電通はピュブリシス社と提携関係にあった。本社はチューリヒに置かれた。

iSe社が手がけたのは、ホスピタリティと呼ばれる分野だった。ホスピタリティは「もてなし」を意味する。スポーツの世界では、付加価値をつけて高額なチケットを販売することを指す。

iSe社は、FIFAから二〇〇六年ドイツワールドカップのチケットを買取り、食事などをセットにして販売した。希望すれば高級ホテルも手配する。ホスピタリティ席の客単価は通常の倍ほどになった。ワールドカップ運営において入場料は、放映権料に続く収入源である。それを効率的に運用するiSeは、FIFAにとって有益な存在だった。

iSe社を含めたiSeグループは、ドイツワールドカップ終了後の翌二〇〇七年に解散している。売上高は、三億七二〇〇万ユーロ。一ユーロ一五〇円で計算して、約五五八億円。充分過ぎる成功だった。

二〇〇九年六月、電通専務取締役を退任して顧問となった高橋は、一一年七月にコモンズという会社を立ち上げている。虎ノ門にある高橋のオフィスを訪れた記者は、「どうして設立したばかりのｉＳｅ社がホスピタリティの権利をとることが出来たのか」と質問をぶつけてきたという。

「貴方はブラッターに二億円を渡した。だから権利をとれたんじゃないかって。そんなことは一切ありません。銀行口座を調べてもらってもいい。全くそんな金の動きはない。ブラッターとの長い人間関係を説明したら向こうも引き下がった。高橋は疑惑を完全に否定したと書かれていたよ」

ただ、その年のクラブワールドカップで来日したＦＩＦＡの関係者から、説明が不充分だと指摘されたのだと頭を掻《か》いた。

「イギリスのジャーナリストたちはＦＢＩと司法取引をしている〝内部告発者〟の言葉に沿って動いているのだという。彼らは知らないのに、あることないことを言っているようだ。ホスピタリティというのは、過去のワールドカップにはなかったビジネスだった。一つの大会で五五〇億円の利益の出る柱をいきなり作り上げたんだ。ブラッターに金を払うどころか、感謝されるべきだと答えなければならなかったというんだ」

高橋は、二〇一四年六月には東京オリンピック・パラリンピック組織委員会理事、二〇一五年にはＩＯＣのマーケティング委員会の委員となった。今もスポーツビジネスの世界に睨みを利かす存在で居続けている。

しかし、それもいつまで続くことか。

かつてスポーツビジネスの世界は〝顔〟が必要だった。

二〇〇二年ワールドカップ招致開始の際、高橋は日本サッカー協会に各自治体から招致資金を集めることを提案したが、その手数料を受け取れなかったことはすでに書いた。これは高橋の日本サッカー協会に対する貸しとなり、その埋め合わせはどこかで行われたことだろう。これも顔である。

高橋の他、ジャック・Ｋ・坂崎、クラウス・ヘンペル、エリアス・ザクー、すでに故人で会うことは叶わなかったが、高橋の上司だった服部庸一、坂崎のパートナーだった藤田敦、あるいはホルスト・ダスラー――彼らがスポーツの舞台から一人、また一人と消えていっている。

もはや彼らが腕を振るう時代ではなくなった。軽やかに弁舌を振るい、裏などないように振る舞える軽量級の人間たちの方が都合がいいのだ。彼らは取り替えが利くのだから。

坂崎は、自分がスポーツビジネスから離れた理由をこう話した。

「個人が知恵を絞ってやるという世界ではなくなってきた。スポーツのビジネスが組織対組織、大金を払って権利を押さえるという仕事になってしまった。その権利を押さえる金額がどんどん大きくなっている。それで一体、誰が幸せになるの？」

彼はカリフォルニアのナパに住み、ワインのビジネスを手がけている。いいワインがあれば、人種や国籍に関係なく人が笑顔になるからだという。彼の頭の中にもはやスポーツはない。

五　慎重な男

もちろん、サッカーというスポーツを愛し、再生を試みようとしている人間もいる。

二〇一五年六月、一連のＦＩＦＡの摘発が始まった後、元日本代表監督のジーコがＦＩＦＡ会長選挙に出馬表明した。

彼と付き合いの長いぼくにとって、その決断は驚きだった。

監督としてのジーコは、負けず嫌いで、最後まで戦うことを選手に求める。ただ、ピッチの外に出ると、控えめな〝末っ子〟的な性格が出た。トルコやロシアで監督をしていた時代、彼は妻のサンドラが作り置きしていた食材を解凍して食べる他は、味が予想できるイタリアン料理店にしか行かなかった。食べ付けない地元料理には手を出さない、慎重な男なのだ。

ブラジル代表時代の盟友であったソクラテスは、現役時代から軍事政権に対する反政府運動に関わり、政権批判の演説をすることもあった。彼と比べるとジーコは自分の情熱をピッチの中に閉じ込めているような印象があった。そんなジーコがＦＩＦＡ会長という、火中の栗を拾いに行くとは思わなかったのだ。

ジーコは二〇一四年シーズンから、インド・スーパー・リーグのＦＣゴアというクラブで監督を務めている。ゴアは、インドの西側、アラビア海に面した港町で、大航海時代にはアフリカのモザンビークから長崎までを支配するポルトガルの海洋帝国の拠点だった。ポルトガル系ブラジル人であるジーコとは不思議な縁を感じる。

ゴアでジーコに会うなり「貴方はいわゆる〝サッカー政治〟から距離を置いているものだと思っていた」と切り出すと、ジーコは「そんなことはないよ」と憤然とした表情で大きく手を広げた。

「おかしなことがあれば昔から発言していた。今回、立候補したのはＦＩＦＡを変えるチャンスだと思ったからだよ。ぼくは今、六二歳だ。サッカーの世界で四〇年以上仕事をしてきた。しかし、（前々会長のスタンリー・ラウスを含めて）三人の会長しか知らない。ブラッターは何年ＦＩＦＡの会長をやっているんだ。その前のアベランジェは？　権力の継続こそ腐敗の根源だよ。ぼくはそれをずっと批判してきた」

ジーコはまくし立てた。

「二十数人の理事がサッカー界の全てを決めているなんておかしいと思わないか。限られた人間が強大な権利を握れば、当然腐敗が生まれる。ＦＩＦＡは財政を透明化すべきだ。ブラックボックスを開けなければならない。ＦＩＦＡは飛行機じゃないんだから」

ＦＩＦＡ会長選挙に、現役選手を始めとした現場の人間たちが全く関与できないのはおかしいと語気を強めた。

「ＦＩＦＡ世界最優秀選手という賞は各国の代表監督、そしてキャプテンに投票権がある。ぼくもかつて投票したことがある。どうしてＦＩＦＡ会長も同じように決めることが出来ないんだ。サッカーをやっている人間たちに決める権利があるはずだ」

ＦＩＦＡ会長選挙に正式立候補するには、五つの国（と地域）の協会の推薦が必要だった。

その選挙活動は、ジーコらしい潔癖なものだった。

「自腹で航空券を買って、世界中の国々を回って投票をお願いするなんてことは馬鹿げている。そうやって頭を下げて頼むところから、腐敗は始まるんだ」

つまり、支持をとりつける際、各国協会に〝借り〟が出来てしまうというのだ。

「一〇項目の改革案を記して、全世界、二〇八の国と地域の代表に支持を求めるメールを送った」

中でも、ブラジル、イタリア、日本、トルコ、ウズベキスタン、イラク、カタール——ジーコとゆかりの深い協会には最初にメールを送って、推薦国となるように連絡を入れたという。ブラジルは彼の母国。イタリアは現役時代、ウディネーゼというクラブでプレーをしている。トルコ、ウズベキスタン、イラク、カタールは彼が監督を務めた国である。

「この改革案は非常にオープンなもので、ぼくのフェイスブックページでも公開していた」

六二歳のジーコは、ＩＴをかなり使いこなしている部類に入る。自分のサイトの運営こそスタッフに任せているが、フェイスブックページは自ら頻繁に更新している。ＦＩＦＡ会長選挙の立候補については、〝＃ＺＩＣＯＦＩＦＡ〟というハッシュタグをつけて拡散を呼びかけた。

六　トリスチ

会長選立候補を決めたとき、ジーコは欧州チャンピオンズリーグの解説でドイツに滞在していた。そこで日本サッカー協会の田嶋幸三《たしまこうぞう》と会っている。田嶋は小倉純二が退任した後、二〇一五年四月からＦＩＦＡ理事となっている。

「田嶋とは代表監督時代からの付き合いで、冗談を言い合う仲だ。当然、立候補について説明したよ」

しかし——。

立候補の締切は、二〇一五年一〇月末だった。ジーコを推薦したのはサントメ・プリンシペとアンゴラの二カ国。双方ともブラジルと同じポルトガル語を母国語とするアフリカの国である。ジーコは立候補の要件を満たすことが出来ず、出馬を断念した。

「イタリアからはすぐに返事があった。彼らは同じヨーロッパとしてプラティニ（ヨーロッパサッカー連盟会長）、もしくはヨーロッパの人間を推さねばならないという。もう一カ国、すぐに返事をくれたのがオランダだった。日本代表監督をしているときにオランダで合宿を張った。そこで向こうの協会の人間と親しくなったんだ。ただ、オランダもイタリアと同じ答えだった。もちろん彼らにも都合がある。断られたことは仕方がないと思っている」

日本サッカー協会からは何の反応もなかった。

「ぼくは鹿島アントラーズの他、四年間、日本サッカー協会で代表監督として仕事をした。しかし、日本サッカー協会からは返事がなかった。そこで（代表監督時代、通訳だった）鈴木（國弘）から協会に連絡を入れてもらった。それでも何も来なかった。ぼくは悲しかったよ」

ぼくは二〇年以上、ジーコを取材しているが、彼が「トリスチ」（悲しい）というポルトガル語を口にするのは初めてだった。

「日本の協会が誰を支持しているのか分からない。恐らく、（会長選に立候補を表明していた）プラティニや（ヨルダンの）アリ王子、あの韓国人はぼくよりも日本サッカーに貢献したんだろうね」

これは皮肉である。あの韓国人とは当初、会長選挙に出馬の意を示していた鄭夢準のことだ。

「ぼくに投票してくれと頼んだのではない。推薦だけして、ＦＩＦＡ総会では誰に投票するか改めて検討すればいい。日本代表監督までやったぼくを日本が推薦したとしても、誰もおかしいと思わない。それなのに返事さえなかった」

そしてぼくを指さした。

「お前がインドに来ると連絡をくれた。あの時はまだスケジュールは決まっていなかったので、それで良ければ大丈夫だと返事をした。そこから準備を始めたんだろ。返事が来なければ動きようがない」

ジーコは義理がたい男でもある。彼が代表監督を務めていたとき、ぼくは何度か話を聞いている。彼はぼくの顔を見ると「もう聞くことないだろう」と冗談を飛ばした。

ドイツで行われたワールドカップの直前、ぼくは彼にこう約束したものだ。

「代表監督である間は、いろいろと気を遣って話せないことがある。ワールドカップが終わったら、あなたがどこで仕事をしていようが会いに行くよ」

ジーコはにっこりと笑って、ぼくの手を握った。

二〇〇六年ドイツワールドカップ、日本代表は〇勝二敗一分けという散々な成績でグループリーグを突破できなかった。大会終了後、ジーコはトルコのフェネルバフチェというクラブの監督になった。二〇〇七年一月、ぼくはイスタンブールを訪れた。その時の取材で、彼は「ワールドカップの日本代表には腐った蜜柑がいたんだ」と明かした。腐った蜜柑が箱の中に混じっていると、他の蜜柑まで腐らせてしまうという意味だ。ぼくが彼に「腐った蜜柑があったと本当に書いていいの？」と確認すると、「ああ」と頷いた。

「お前は書くだろ？　俺が言った通り、そのまま書いてくれ」

ジーコは日本代表に限らず、自分のチームの選手を貶《けな》すことはほとんどない。そのジーコの発言だったため、誰が〃腐った蜜柑〃だったのか、大きな話題となった。ただ、ジーコは他の取材で、この〃腐った蜜柑〃について話したことはない。約束を守って会いに行ったぼくに対する彼なりの報い方だったのだろう。

そんなジーコにとって信頼していた日本サッカー協会から返事がなかったことは、辛いことだったはずだ。

ＦＩＦＡの報道で揺れる中、ジーコを支持することで目立ちたくない。どうやって対応するのかメールを押しつけ合っているうちに店晒《たなざら》しにされた——そんな事なかれ主義とも言える態度が透けて見える。

ジーコが会長になったとしてもＦＩＦＡを改革できたかどうかは分からない。かつて彼はブラジルのスポーツ省の長官に就任したことがある。当時の大統領、フェルナンド・コロルが上っ面の支持を得るための〃おかざり〃だった（それでもいくつかの法律を作ったのはジーコの意地だったろう）。

ただ、彼はこれまでのＦＩＦＡの利害関係の中にいなかった。しがらみがないため、大胆な手腕をふるうことができる。ジーコにはその覚悟があった。

そんな彼の挑戦に日本のサッカー協会は尻込みして、手を貸さなかったのだ。

おわりに

一九九〇年代半ばごろ、電通とＦＩＦＡのことを調べていると言うと、メディアの人間は示し合わせたように、「えっ、大丈夫なの」と顔をしかめた。程度の差はあれど、テレビ、出版などメディアに関わった人間は大概電通に嫌な思いをしている。電通という不可思議な力を持った大企業に、嫌悪、あるいは警戒心があった。

欧州でも同じだったのだろう。

ホルスト・ダスラーと共にＩＳＬ社を立ち上げ、ワールドカップを支配している。様々な競技団体、協会に金を配り、裏から手を回しているのだろうという幻影を抱えていた。

ＩＳＬ社には電通の社員が出向していた。とはいえ、高橋治之のように強く自己主張をする日本人は限られている。欧米の人間は、慇懃無礼で笑みを浮かべている彼らを見て、何を考えているのだろうと凝視していたのかもしれない。

高橋と話して感じるのは、ある時期から電通は、非常に日本的ともいえる、慎重な企業となったということだ。

ＦＩＦＡやＩＯＣとの関係においては、ＩＳＬ社を盾にして、自らの手を汚さずにそれなりの利潤を得ることを選択した。その意味で高橋が外れたことは自然だったかもしれない。ただ、同時に、世界のスポーツビジネスへの橋頭堡《きょうとうほ》を失ってしまった。その損失の報いを二〇〇二年ワールドカップ招致の際に受けることになった。

その姿は、二〇一五年一〇月に元日本代表監督のジーコのＦＩＦＡ会長選挙立候補を黙殺した、日本サッカー協会の姿勢とも少々重なる。

ＦＩＦＡと全くしがらみのないジーコの改革案に賛成することは、既得権益という〝コップ〟の中を多少かき混ぜて、お茶を濁そうという人間を敵に回すことでもある。日本サッカー協会はそんな目立つことはしたくなかったのだ。その態度は賢く立ち回ったと言えるかもしれない。ただ、慎重な賢さと臆病は紙一重である。

かつてジョアン・アベランジェ、ホルスト・ダスラーが電通を頼ったのは、その後ろに日本企業の資金力を見ていたからだ。しかし、その力は衰えて、オフィシャルスポンサーはすっかり様変わりした。今後、ＦＩＦＡのような国際的スポーツビジネスでどのように日本は、そして電通は存在感を出して行くのか。

ブラッターの後、誰が会長になろうが、ＦＩＦＡは変わって行くだろう。高橋は今こそ、ＦＩＦＡに関与できる時期なのだと考えている。

「次の会長に自分たちにマーケティングをやらせてくれと言いに行けばいい。ＦＩＦＡはＦＩＦＡマーケティングなどを作って、全てを抱えこんだ。だからおかしくなった。ＦＩＦＡの体質から考えて透明性を求めるのは難しい。それならば外部に頼むしかない。少し、気が利く人間がいれば、私たちに任せてくれと話を持ち込むだろうね」

高橋に、今、そんな日本人はいるのですか、と訊ねると、ふっと笑い、「どうだろうな」とだけ言った――。

その答えは今後数年の電通とＦＩＦＡの動きを見れば分かるだろう。


最後にこの本は、「フットボール批評」での連載を元に取材、再構成したものだ。翻訳を手伝ってくれた野崎アンジェラ氏、連載を担当してくれた、カンゼンの森哲也編集長、中山佑輔氏、そして、光文社新書の樋口健氏に感謝したい。

主要参考文献

第一章

A.Vivaldo de Azevedo(1978). *João Havelange: Determinação e Coragem.* Editar Publicações Técnicas Ltda.

John Sugden & Alan Tomlinson(1998). *FIFA and the Contest for World Football: Who Rules the People's Game?* Polity Press.

「コリエレ・デロ・スポルト」紙

ジュール・リメ『ワールドカップの回想　サッカー、激動の世界史』（川島太郎・大空博訳、ベースボール・マガジン社、一九八六年）

クリストファー・ヒルトン『欧州サッカーのすべて』（野間けい子訳、大栄出版、一九九五年）

電通一〇〇年史編集委員会編『電通一〇〇年史　1901-2001　Dentsu 100th anniversary』（電通、二〇〇一年）

電通社史編集委員会編『電通66年』（電通、一九六八年）

「朝日新聞」一九七七年九月一五日付

第二章

田原総一朗『電通』（朝日文庫、一九八四年）

藤田潔『テレビ快男児』（小学館文庫、二〇一二年）

バーバラ・スミット『アディダスVSプーマ　もうひとつの代理戦争』（宮本俊夫訳、ランダムハウス講談社、二〇〇六年）

第三章
ジャック・K・坂崎『ワールドカップ 巨大ビジネスの裏側』（角川書店、二〇〇二年）

第四章
拙著『W杯ビジネス30年戦争』（新潮社、二〇〇六年）
拙著『W杯に群がる男たち 巨大サッカービジネスの闇』（新潮文庫、二〇一〇年）
日経ビジネス編『真説 バブル』（日経BP社、二〇〇〇年）
森功『平成経済事件の怪物たち』（文春新書、二〇一三年）
有森隆＋グループK『日本の闇権力 人脈金鉱の構図』（大和書房、二〇〇七年）

第六章
小倉純二『サッカーの国際政治学』（講談社現代新書、二〇〇四年）
「朝日新聞」二〇一五年六月二〇日付
アンドリュー・ジェニングス『FIFA 腐敗の全内幕』（木村博江訳、文藝春秋、二〇一五年）
「FACTA」二〇〇八年六月号（ファクタ出版）
「FACTA」二〇〇八年八月号（ファクタ出版）

田崎健太（たざきけんた）
ノンフィクション作家。1968年京都府生まれ。早稲田大学法学部卒業後、小学館に入社。「週刊ポスト」編集部などを経て、'99年末に退社。スポーツ、政治、旅などさまざまなテーマのノンフィクション作品を発表。『真説・長州力　1951－2015』（集英社インターナショナル）、『球童　伊良部秀輝伝』（講談社）、『偶然完全　勝新太郎伝』（講談社＋α文庫）など著書多数。早稲田大学スポーツ産業研究所招聘研究員。
http://www.liberdade.com/

電通《でんつう》とFIFA　サッカーに群《むら》がる男《おとこ》たち

2016年2月20日初版1刷発行

著　者 ── 田崎健太
発行者 ── 駒井　稔
装　幀 ── アラン・チャン
印刷所 ── 堀内印刷
製本所 ── 関川製本
発行所 ── 株式会社光文社
東京都文京区音羽1-16-6（〒112-8011）
http://www.kobunsha.com/
電　話 ── 編集部03（5395）8289　書籍販売部03（5395）8116
業務部03（5395）8125
メール ── sinsyo@kobunsha.com

 ISBN 978-4-334-03903-5

光文社新書

800

電通とFIFA
サッカーに群がる男たち

田崎健太

裏金、権力闘争、ロス五輪、放映権、アフリカ票――逮捕者続出！　FIFAとサッカー界は生まれ変わるのか？　スポーツビジネスを知り尽くす電通元専務を徹底取材した問題作。

978-4-334-03903-5

801

おどろきの心理学
人生を成功に導く「無意識を整える」技術

妹尾武治

必ず好かれる方法がある!?　SNSを使った世論操作が可能!?　――科学としての心理学が明らかにした、おどろきの研究結果を、気鋭の心理学者が徹底的に面白くわかりやすく解説！

978-4-334-03904-2

802

非常識な建築業界
「どや建築」という病

森山高至

「どや顔」をした公共施設の急増、下請け丸投げのゼネコン、偏った建築教育…etc.　新国立競技場問題や傾斜マンション事件が巻き起こった背景を、建築エコノミストが明らかにする。

978-4-334-03905-9

803

お腹やせの科学
脳をだまして効率よく腹筋を鍛える

松井薫

一般的な腹筋運動では、なぜお腹がスリムにならないのか？　スポーツトレーニングの第一人者がロジカルに解説する、時間がない人のための、画期的なお腹やせトレーニング法！

978-4-334-03906-6

804

写真ノ説明

荒木経惟

妻、愛猫、ガン、右眼。大事なモノを失う度に撮る写真が凄みと切なさを増していくアラーキー。名作から撮り下ろし、「人妻エロス」、路上ワークショップまで〝写鬼〟の全てが分かる！

978-4-334-03907-3